© 1971 by
PRENTICE-HALL, INC.
Englewood Cliffs, New Jersey

13-516914-3

Library of Congress Catalog Card Number: 71-131424

Current printing (last digit):
10 9 8 7 6 5 4 3 2 1

Printed in the United States of America

PRENTICE-HALL INTERNATIONAL, INC., London
PRENTICE-HALL OF AUSTRALIA, PTY. LTD., Sydney
PRENTICE-HALL OF CANADA, LTD., Toronto
PRENTICE-HALL OF INDIA PRIVATE LIMITED, New Delhi
PRENTICE-HALL OF JAPAN, INC., Tokyo

La Chanson de

☙ EDITED BY ☙

George F. Jones *and* Ann Der

University of Maryland

PRENTICE-HALL, INC.   *Englewood Cliffs*

Table des Matières

INTRODUCTION

La Chanson de Roland, premier chef-d'œuvre de la littérature française, fut un succès immédiat non seulement en France mais dans toute l'Europe occidentale; elle fut traduite ou récrite en allemand, norvégien, hollandais, italien et latin. De plus, elle servit de modèle à un nouveau genre de poèmes épiques populaires, les «chansons de geste», dont les auteurs empruntaient librement et au langage et à l'intrigue de leur modèle. Bien que ces imitations contiennent quelques scènes brillantes, aucune n'atteint la qualité littéraire de l'original.

Malgré sa popularité universelle, *La Chanson de Roland* est tombée dans l'oubli lorsque la ferveur religieuse et militaire née de la Première Croisade s'est apaisée à la suite de l'échec des expéditions successives. De plus, profitant de l'absence des chevaliers guerroyant outre-mer, les dames de la haute noblesse ont commencé à exercer une influence décisive sur la littérature courtoise; elles préféraient les romans d'amour aux poèmes épiques guerriers. Leur influence est manifeste dans les imitations italiennes de *La Chanson de Roland,* dans lesquelles l'amour joue un rôle infiniment plus important que l'héroïsme. En tout cas, grâce aux poètes italiens tel que Boiardo, Pulci et l'Arioste, la mémoire de Roland survécut, bien que la chanson elle-même fût oubliée.

De même que le Moyen Age en général, les poèmes épiques et les romans chevaleresques ont été traités avec dédain par les savants et critiques «éclairés» du XVIIIᵉ siècle, mais la situation a changé quand le mouvement romantique a renouvelé l'intérêt dans le Moyen Age. Mais tandis que *Le Cid* espagnol et le *Nibelungenlied* allemand étaient déjà sortis de la poussière des archives, *La Chanson de Roland* y demeura ensevelie jusqu'en 1825. Cette année-là le médiéviste[1] français, François Michelin, découvrit le manuscrit de la chanson dans la Bodleian Library à Oxford. Connu actuellement sous le nom du *Manuscrit d'Oxford,* le texte de Michelin est sans doute la meilleure version de *La*

---

[1] *médiéviste :* érudit qui s'occupe du Moyen Age.

Chanson de Roland. Bien que certaines erreurs dans le texte indiquent que ce n'était qu'une copie, et peut-être la copie d'une copie, ces erreurs d'importance assez limitée ne diminuent nullement la beauté esthétique du poème.

LA QUESTION DE SON ORIGINE

Il est à noter que bien que composée vers l'an 1100, la version du *Manuscrit d'Oxford* décrit une action militaire qui s'était déroulée en 778. Aussi les savants se sont-ils demandés comment le souvenir de cette action militaire aurait pu se perpétuer pendant trois cents ans. Au cours du XIXᵉ siècle la théorie dominante était la théorie dite «traditionaliste», selon laquelle les témoins de l'événement ont raconté ce qu'ils avaient vu ou entendu sous forme de récits, qui à leur tour ont été mis en vers et transmis par la suite à la postérité en guise de ballades populaires. Les ballades allaient être perfectionnées par des générations successives de chanteurs qui les avaient assemblées dans un cycle de chansons. Selon cette théorie, le poème n'a pas été l'œuvre d'un seul poète, mais l'agglomération ou la compilation quelque peu accidentelle des ballades traditionnelles. Les défenseurs de cette thèse avancent que c'est l'âme collective du peuple français plutôt que le génie d'un poète individuel qui se reflète dans *La Chanson de Roland.* Les contradictions apparentes et les transitions abruptes qu'on trouve dans le texte indiquent une technique de composition en plein accord avec les notions esthétiques de l'époque. Conformément à ces notions, une littérature vraiment grande doit être naïve et doit posséder des racines profondes dans l'âme populaire, sans être corrompue par des traditions littéraires ou par une éducation livresque.

D'autres savants ne sont pas de cet avis. En tenant compte des qualités artistiques de *La Chanson de Roland,* ils se demandent si une œuvre aussi complexe et pleine de finesse a pu être créée par des efforts collectifs et accidentels. Leur réponse est négative. Pour eux, le poème est la création d'un seul poète de génie. Bien sûr, en choisissant ses thèmes et motifs, et même en développant sa manière d'expression, le poète a puisé dans la tradition orale : il s'est servi de la Bible, des Ecritures, de l'*Enéide* de Virgile et d'autres ouvrages classiques. Donc, de l'avis des «individualistes», *La Chanson de Roland* est la création à la fois inspirée et bien étudiée d'un poète génial plutôt que le produit naïf de l'imagination populaire. Le lecteur de cette édition est invité à prendre parti soit pour les traditionalistes soit pour les individualistes, ou bien à essayer de réconcilier leurs points de vue respectifs.

LA BATAILLE DE RONCEVAUX

Avant d'entreprendre l'analyse de la *Chanson,* il serait utile d'examiner l'événement historique qui lui servit de base. En 777, quelques princes sarrasins d'Espagne invitèrent Charlemagne, roi des Francs, à les aider dans leur lutte contre le souverain de Saragosse. Ayant consenti à secourir les princes, Charlemagne descendit en

Espagne à la tête de forces puissantes pour assiéger Saragosse. Mais une rebellion de ses sujets saxons en Allemagne du Nord l'obligea à lever le siège et à se rendre en Saxe à marches forcées pour défendre les frontières septentrionales[2] de son empire. En traversant les Pyrénées en route vers l'Allemagne, l'arrière-garde de l'armée de Charlemagne fut embusquée[3] et annihilée par les habitants basques de la région. Eginhard, le biographe de Charlemagne, décrit l'action dans les termes suivants (traduction Bédier):

> Tandis qu'on menait contre les Saxons une guerre soutenue et presque ininterrompue, Charles, ayant disposé aux endroits propices des garnisons le long des frontières, attaque l'Espagne avec toutes les forces qu'il peut employer. Il franchit les Pyrénées, reçoit la soumission de toutes les places et de tous les châteaux-forts[4] rencontrés sur sa route, puis revient, ramenant son armée saine et sauve, à ceci près que, dans la traversée des Pyrénées, il lui arriva au retour d'éprouver quelque peu la perfidie des Basques. Son armée cheminait étirée[5] en une longue file, ainsi que l'exigeait l'étroitesse de la route. Les Basques avaient dressé une embuscade[6] au sommet de la montagne: le lieu, couvert de bois épais, s'y prêtait à merveille. Ils dévalent[7] sur les derniers convois et sur les troupes d'arrière-garde qui couvraient le gros de l'armée. Ils les refoulent dans une vallée, engagent la lutte, tuent les nôtres jusqu'au dernier. Puis, ayant pillé les bagages, ils se dispersent très vite dans toutes les directions, à la faveur de la nuit qui tombait. Ils avaient pour eux, en cette circonstance, la légèreté de leur armement et la configuration du terrain; au contraire, les Francs furent empêchés par la lourdeur de leurs armes et par leur position en contre-bas. Dans cette bataille furent tués le sénéchal[8] Eggihard, Anselme, comte du palais, et Roland, duc de la Marche de Bretagne, entre beaucoup d'autres. Et cette agression ne put être châtiée sur le champ, parce que l'ennemi, le coup fait, se dispersa de telle sorte que personne ne sut seulement dire en quelle direction on eût pu le chercher.

La question qui affronte les savants est la suivante: pourquoi le souvenir de cette défaite s'est-il effacé et comment est-il sorti de l'oubli trois siècles plus tard, pour inspirer, dans une forme différente, un grand poème épique? Les traditionalistes prétendent que l'événement n'était pas tombé dans l'oubli puisque les chansons populaires en ont gardé le souvenir. Toutefois, les défenseurs de cette thèse ne sont pas en mesure d'offrir un seul exemple de ces produits assez douteux de l'imagination populaire: il n'y a non plus aucune référence dans les chroniques latines de l'époque qui permettrait de conclure à l'existence de ces chansons. Le problème se complique davantage par le dernier vers de *La Chanson de Roland* qui contient une allusion extrêmement énigmatique. Le texte original dit: «Ci falt la geste que Turoldus declinet.» Malheureusement chaque mot de cette phrase se prête à une interprétation

---

[2] *septentrional*: du côté du nord.
[3] *embusqué*: surpris par des soldats cachés.
[4] *château-fort*: citadelle féodale.
[5] *étiré*: étendu, allongé.
[6] *embuscade*: troupe de soldats cachés pour surprendre l'énnemi.
[7] *dévaler*: aller de haut en bas.
[8] *sénéchal*: officier féodal.

différente. La phrase peut signifier : «Voici la fin du poème épique (*La Chanson de Roland*) que Turoldus a composé» ou bien «Voici la fin de la chronique que Turoldus a composée (et sur laquelle notre poète a fondé sa chanson).» Cette dernière interprétation nous semble plus plausible puisque le mot *geste* figure plusieurs fois dans la chanson dans le sens de «chronique latine». Aussi, dans l'œuvre entière Turold est le seul nom qui se termine en *us*. D'autre part, les écrivains médiévaux avaient l'habitude de terminer leurs œuvres en s'identifiant eux-mêmes plutôt qu'en identifiant leurs sources. Faute d'autre nom nous allons donc désigner l'auteur de la chanson sous le nom de Turold.

Aussi curieux que soit le problème de l'origine de la *Chanson,* l'incertitude qui règne à ce sujet n'empêche nullement d'apprécier la beauté de l'œuvre. En tout cas, il est préférable d'aborder la chanson avec un esprit ouvert plutôt que de la considérer à la lumière des thèses romantiques soutenues par les savants du XIXe siècle qui cherchaient dans le poème un caractère naïf. Plutôt que d'insister sur les origines, examinons le poème tel qu'il a été préservé dans le *Manuscrit d'Oxford,* sans considérer la forme dans laquelle il a été «reconstruit» par des savants qui ont essayé de concilier les versions différentes.

LA CHANSON

L'histoire racontée dans la *Chanson* diffère beaucoup de la version que le biographe de Charlemagne a donné du mémorable événement. Le sénéchal Eggihard et le paladin[9] Anselme ne figurent pas dans le poème. L'attaque contre l'arrière-garde de Charlemagne est lancée par des Sarrasins païens et non pas par des Basques chrétiens. La descente de Charlemagne en Espagne est présentée comme une croisade, une guerre sainte opposant la Croix au Croissant[10] et non pas comme une entreprise purement temporelle destinée à secourir quelques princes musulmans. L'armée de Charlemagne comprend non seulement des Français, mais aussi des guerriers d'origines différentes : Bavarois, Allemands, Normands, Bretons et bien d'autres. Au lieu d'une expédition de courte durée l'action de Charlemagne revêt la forme d'une longue campagne militaire qui a déjà duré sept ans lorsque commence l'histoire racontée dans la *Chanson.*

Pour expliquer comment l'arrière-garde fut embusquée, le poète a créé le personnage de Ganelon l'archi-traître, beau-père de Roland et beau-fils de Charlemagne, qui n'hésite pas à trahir ses frères chrétiens pour satisfaire sa soif de vengeance. Les mobiles qui poussent Ganelon à la trahison sont assez compliqués. Lorsque la ville de Saragosse est assiégée par Charlemagne, le roi Marsile demande à ses conseillers un moyen d'empêcher la chute de la capitale assiégée. L'un de ses courtisans, Blancandrin, propose que le roi fasse semblant de se soumettre à Charlemagne,

---

[9] *paladin :* seigneur de la suite de Charlemagne.
[10] *Croissant :* figure de la lune qui sert comme étendard aux Musulmans.

qu'il promette de se convertir au Christianisme, et qu'il offre de riches cadeaux au roi des Francs, à condition que celui-ci retire ses forces de l'Espagne. De plus, Blancandrin s'engage à intercéder personnellement auprès de Charlemagne, et à offrir aux Chrétiens son propre fils en otage. Le plan est accepté. Mais lorsque Blancandrin se présente au quartier général de Charlemagne, Roland insiste pour que les Francs continuent la guerre et qu'ils rejettent les termes offerts par le roi de Saragosse. Ganelon et d'autres guerriers, las de la longue guerre, s'opposent à cette action. Lorsque Charlemagne demande qu'un de ses fidèles s'engage à escorter Blancandrin à Saragosse pour y poursuivre les négociations, Roland et quelques-uns des douze seigneurs, connus sous le nom de «compagnons du roi», répondent avec empressement à l'appel de leur souverain. Pourtant, Charlemagne ne veut pas se priver de ses guerriers les plus vaillants, et il demande à Roland de désigner un émissaire d'en dehors des compagnons du roi. Roland désigne Ganelon comme l'homme le plus susceptible de mener les négociations à bonne fin. Mais l'amour-propre de Ganelon est blessé par ce choix, car il lui semble que Roland l'estime moins que les autres seigneurs. En route vers Saragosse, Ganelon et Blancandrin se mettent à ourdir[11] un plan habile. Selon ce plan ils amèneront Charlemagne à confier l'arrière-garde à Roland et ses compagnons au moment où les forces chrétiennes se retireront de l'Espagne.

La scène suivante se déroule à Roncevaux où bivouaque l'arrière-garde composée de Roland, des douze seigneurs et de vingt mille guerriers francs. Olivier, compagnon de Roland (et probablement une création originale du poète), observe au loin l'approche d'une forte armée sarrasine. Plus prudent qu'audacieux, Olivier presse Roland de sonner son cor pour appeler Charlemagne au secours de l'arrière-garde menacée. Mais Roland est trop fier pour suivre le conseil de son compagnon. Le combat s'engage et bien que beaucoup moins nombreux, les Francs repoussent les attaques de la première armée sarrasine en tuant un grand nombre d'assaillants. Mais lorsqu'une seconde armée sarrasine avance sur le champ de bataille sous le commandement du roi Marsile, les Francs sont trop exténués pour offrir une résistance efficace. Ils se battent héroïquement mais leur situation est désespérée. Il ne reste vivant que soixante guerriers francs quand Roland se décide enfin à donner le signal. Maintenant c'est au tour d'Olivier de faire des objections, mais l'archevêque Turpin lui démontre que sonner du cor ne sera pas signe de couardise : Charlemagne n'arrivera pas à temps pour les secourir, il pourra seulement les ensevelir[12] et les venger. Roland sonne son cor avec tant de force que sa tête se fend et sa cervelle se répand sur le sol. Charlemagne est déjà en France, mais il entend et reconnaît le son du cor. Après avoir fait arrêter Ganelon, il fait demi-tour et repasse les Pyrénées.

Entre-temps, la bataille à Roncevaux continue jusqu'à la mort de presque tous les Francs. Au cours des combats Roland coupe la main droite du roi Marsile et

---

[11] *ourdir* : machiner, former en secret de mauvais desseins.
[12] *ensevelir* : envelopper un corps dans une toile pour l'enterrer.

tue son fils, sur quoi les forces sarrasines prennent la fuite. Mais le calife,[13] oncle de Marsile, arrive à la tête d'une puissante armée d'Ethiopiens. Olivier est tué, tandis que Roland, Turpin et Gautier de Hum, vassal de Roland, continuent de se battre. Lorsque Gautier tombe et que Turpin est mortellement blessé, Roland rassemble les corps pour qu'ils soient bénis et reçoivent l'absolution de l'archevêque, avant qu'il ne meure lui-même. Roland a le crâne fêlé[14] et il sent l'approche de la mort. Il cherche à briser son épée afin qu'elle ne tombe pas entre les mains de l'ennemi et, en rassemblant ses dernières forces, il tue le sarrasin qui essaie de s'emparer de son cor. Toujours en poursuivant l'attaque, Roland meurt en faisant face aux Sarrasins. Charlemagne et le reste de son armée arrivent trop tard pour secourir l'arrière-garde, mais ils prennent leur revanche sur les Sarrasins qui sont anéantis ou qui se noient dans l'Ebre. Après avoir passé une nuit sur les rives du fleuve, Charlemagne retourne à Ron-cevaux pour y pleurer les morts.

Entre-temps, Baligant, maître de l'Islam, est arrivé en Espagne pour secourir Marsile, son vassal. En apprenant la défaite du roi de Saragosse, Baligant rejoint les forces de Charlemagne pour engager une lutte décisive contre les Chrétiens. La ba-taille atteint son point culminant avec la rencontre des deux monarques. Soutenu par les pouvoirs célestes, Charlemagne sort victorieux du combat. Il poursuit les Sar-rasins jusqu'à Saragosse où le roi Marsile, grièvement blessé dans la bataille, meurt de chagrin en apprenant la défaite des Musulmans. Charlemagne occupe la ville, et il ordonne de tuer tous les habitants qui refusent de se convertir au Christianisme. La seule exception est la reine Bramimonde, qu'il emmène en captivité. Après avoir pris Saragosse, Charlemagne retourne à sa capitale, Aix-la-Chapelle, où Aude, la sœur d'Olivier, meurt de chagrin en apprenant la mort de Roland, son fiancé. Ganelon est soumis à l'épreuve du combat singulier. Ce «jugement de Dieu» le trouve coupable, et il est condamné à être traîné jusqu'à la mort par des chevaux sauvages. Bramimonde est convertie par l'amour de Dieu, tandis que l'empereur fait un rêve dans lequel il est invité à se lancer dans des nouvelles aventures. Là-dessus le poème se termine abruptement.

L'Importance littéraire de l'œuvre

Comme nous allons le voir, cette esquisse rapide ne révèle qu'insuffisamment les ri-chesses immenses d'un poème épique relativement court. En raison de la multitude et la variété des détails dont il abonde, le poème est un document culturel d'une valeur tout à fait exceptionnelle. Bien entendu cette riche documentation ne fournit point de renseignements précis sur l'époque de Charlemagne puisque le poète n'était guère familier avec la période carolingienne. Mais la *Chanson* reflète très clairement

---

[13] *calife*: descendant et successeur de Mahomet.
[14] *fêlé*: fendu.

la mentalité de l'âge dans lequel vécut l'auteur, qui attribua aux personnages du VIIIᵉ siècle les mêmes notions sociales et religieuses qu'il entretenait lui-même. Que ses idées et opinions ont été partagées par la plupart de ses contemporains est amplement prouvé par l'immense popularité dont l'œuvre jouissait en France aussi bien qu'à l'étranger. La *Chanson* est en effet une fresque saisissante du monde féodal, dans lequel le vassal devait témoigner d'une loyauté sans réserve au seigneur qui le nourrissait et le protégeait.

La *Chanson* fait de fréquentes allusions à cette coutume. Roland définit très nettement les obligations du vassal envers le seigneur dans la laisse 79, où il dit que «pour son seigneur on doit souffrir toutes les peines, endurer les grandes chaleurs et les grands froids, et perdre, au besoin, et de poil et de la peau.»

Après la loyauté au seigneur, le second lien le plus important est la parenté, un lien si étroit que les parents de Ganelon sont contraints à se ranger à ses côtés et doivent mourir pour lui, bien qu'ils soient convaincus de sa culpabilité. Un très fort rapport existe entre oncle et neveu puisque l'honneur de l'un comprend une obligation de défendre et venger l'honneur de l'autre. Des liens similaires liaient les compagnons d'armes comme Roland et Olivier ou Guérin et Gérier. Ces relations entre camarades équivalaient à des alliances légales conclues par des jeunes gens qui devaient obéissance au même seigneur féodal, et elles imposaient les mêmes devoirs de défense et de vengeance que la parenté. Roland et Olivier ont scellé[15] leur alliance par les fiançailles d'Aude, la sœur d'Olivier, avec Roland.

En dépit de l'intensité des sentiments et des liens existant entre compagnons, ou entre oncle et neveu, ces sentiments ont toujours été subordonnés aux considérations d'honneur. Roland aime Olivier tendrement, mais l'honneur exige qu'il lui demande s'il l'avait frappé intentionnellement, car Roland ne pourra excuser son ami qu'après être assuré par Olivier qu'il s'agissait d'une erreur. Certes, Charlemagne aime Roland, et pourtant ses paroles indiquent qu'il pleure surtout la perte de son héritier et champion; son deuil reflète un sentiment égoïste, et la honte de voir son honneur diminué. Dans la *Chanson* le mot «aimer» n'indique pas nécessairement un état affectif: il est souvent employé comme terme diplomatique et négatif signifiant un manque d'hostilité. Lorsque Ganelon déclare qu'il n'aimera jamais ni Roland, ni Olivier, ni les douze seigneurs, il veut dire tout simplement qu'il les défie, et qu'il ne fera jamais la paix avec eux. Tout au long de la chanson il est évident que les Francs ne distinguaient pas entre tristesse et colère, mais qu'ils exprimaient ces sentiments par le même mot—«douleur». Ils considéraient la mort d'un ami surtout comme une insulte faite à leur propre honneur.

Malgré la ferveur avec laquelle elle soutient la Croisade, la *Chanson* exalte l'idée de la loyauté féodale à Charlemagne bien plus que l'idée de la loyauté religieuse à la cause chrétienne. L'archevêque Turpin lui-même est avant tout un guerrier au service de Charlemagne et seulement en second lieu un homme de Dieu; ses vertus

---

[15] *sceller:* appliquer un sceau.

sont plus martiales qu'ecclésiastiques. Son zèle chrétien se manifeste surtout par sa haine contre les païens et par son désir de se venger des infidèles. Le caractère de l'archevêque ne revèle aucune trace d'amour chrétien pour ses ennemis ou d'inclination à leur pardonner au nom de la religion. Bien que le poème parle assez souvent de la messe et d'autres pratiques religieuses, l'auteur ne montre que très peu d'intérêt aux problèmes d'éthique chrétienne. Les bonnes œuvres, sous la forme de donations et de service militaire, sont offertes par les croyants avec une franchise déconcertante en échange de l'assistance divine dans ce monde et du salut dans l'autre. Il est significatif que Charlemagne ait le pouvoir de bénir et d'absoudre et que d'autre part la *Chanson* ne contienne aucune référence à l'autorité du pape. On n'y trouve pas non plus de prières aux saints ou à la mère de Dieu. Considérant le zèle avec lequel l'auteur soutient les croisés, il est surprenant de ne trouver aucun signe de la croix sur les bannières, les épées, et les autres accoutrements des guerriers chrétiens. Le bouclier[16] de Roland, tout comme celui de Baligant, est orné d'un dragon.

L'ignorance totale dont le poète fait preuve en ce qui concerne les Musulmans, qu'il suppose adonnés[17] à l'idolatrie et au polythéisme, est d'un intérêt particulier. La vérité est que, contrairement aux usages chrétiens de l'époque, les Musulmans ne vénéraient point d'images, et ils adoraient un Dieu unique. Ignorant les Sarrasins, le poète les juxtaposait tout simplement aux Francs en attribuant aux Chrétiens aussi bien qu'aux Musulmans des idées et des coutumes identiques. A croire la *Chanson,* le lien émotif probablement le plus fort qu'éprouvaient les Sarrasins était celui entre oncle et neveu. Puisque c'était la coutume parmi les Francs, le poète a évidemment supposé que cela devait être aussi le cas chez les Sarrasins. Comme nous allons le voir, Baligant, à l'instar[18] d'autres Sarrasins, diffère des seigneurs francs seulement en religion; chrétien, il aurait pu faire figure d'un vrai baron féodal. Ironiquement, les Sarrasins paraissent être plus généreux que les Chrétiens puisque très souvent ils font l'éloge de ces derniers tandis que les Chrétiens dénigrent[19] invariablement les Sarrasins. La raison en est qu'en faisant l'éloge des Francs, l'auteur oublie très souvent qu'il fait parler un Sarrasin. Cela explique pourquoi les Sarrasins, aussi bien que les Français, emploient l'expression «douce France» en parlant de la patrie des Francs.

En ce qui concerne les motifs immédiats des actes louables auxquels se livrent ces héros, il est évident que leurs motifs principaux sont l'espoir de la gloire et la peur de la honte. Ganelon est poussé à la trahison à cause du chagrin qu'il éprouve de l'insulte de son beau-fils; le refus de Roland de sonner son cor à Roncevaux est motivé par la crainte de voir son acte attribué à la couardise. En exhortant ses hommes, l'archevêque agite devant leurs yeux la menace du ridicule au lieu de leur

---

[16] *bouclier:* arme défensive portée au bras par le guerrier médiéval.

[17] *adonné:* livré entièrement à une chose.

[18] *à l'instar (de):* à la manière (de), à l'exemple (de).

[19] *dénigrer:* attaquer la réputation de quelqu'un.

promettre le salut éternel. Quelle que soit la situation dans laquelle se trouvent les héros, presque toutes les vertus sont invariablement attribuées à un souci de l'opinion que leurs contemporains ou les générations futures vont former d'un certain acte.

En dépit de son immense valeur comme document culturel, *La Chanson de Roland* devrait être lue pour ce qu'elle est, c'est-à-dire l'un des plus grands poèmes épiques de tous les temps. Les laisses[20] qui introduisent le poème sont des chefs-d'œuvre d'exposition. Après avoir décrit la situation militaire dans une seule laisse, Turold déclenche[21] l'action dans une suite impressionante de scènes dramatiques. Le décor est à peine indiqué; il n'y a que de courtes allusions aux paysages, aux arbres, aux trônes ou à d'autres objets. Les caractères individuels se présentent, récitent leurs discours ou agissent, puis se retirent pour céder la place au prochain protagoniste. Au lieu d'interrompre l'action avec des analyses psychologiques, Turold laisse aux héros le soin de révéler leur caractère par leurs paroles et par leurs actes. Bien avant que leurs discours ne soient terminés, nous savons que Charlemagne est prudent, austère et sage, Roland audacieux, Olivier circonspect et Ganelon déséquilibré.[22] L'intensité dramatique est rehaussée[23] et par les vastes dialogues et par les gestes impressionnants. Ces gestes, illustrés par un jongleur ou un narrateur, sont plus expressifs que les paroles: qu'on pense seulement à Charlemagne, plongé en contemplation ou tourmenté par le chagrin, baissant la tête, ou à Ganelon écartant sa fourrure de zibeline[24] ou tirant son épée en signe de défi. Turold connaissait fort bien l'importance des gestes: qu'on se souvienne du gant ou du baton présentés et reçus comme symboles de l'autorité royale, ou de l'échange de cadeaux et de baisers pour sceller un traité.

Bien que la *Chanson* paraisse naïve à la première vue, on aperçoit très vite que Turold a utilisé les artifices narratifs en vogue chez les auteurs latins de l'antiquité. C'est dans l'usage de la symétrie qu'il fait preuve de la plus grande adresse. Il y a douze seigneurs chrétiens, donc il crée douze seigneurs sarrasins. De cette façon il peut les juxtaposer homme à homme, et laisse à laisse. La répétition, avec ou sans variation, est utilisée de même façon. Les combats individuels sont calqués[25] sur un seul modèle: menace ou provocation, lutte, et injures du vainqueur. Pour un lecteur moderne, ces récits semblent un peu monotones; il faut se rappeler toutefois que les récits de ce genre avaient un grand attrait pour les barons médiévaux qui considéraient la guerre comme une sorte de sport. Turold est le plus impressionnant quand il emploie les répétitions avec variations dans ses *laisses similaires,* où le contenu de la laisse précédente est répété en employant une assonance et des mots différents.

---

[20] *laisse:* tirade (strophe ou stanse) d'une chanson de geste.
[21] *déclencher:* mettre en mouvement
[22] *déséquilibré:* qui a perdu l'équilibre mental.
[23] *rehaussé:* relevé.
[24] *zibeline:* fourrure de luxe.
[25] *calqué:* copié servilement.

Turold suit l'ancienne tradition littéraire en assurant son audience que son récit est authentique; dans ce dessein il fait des références fréquentes aux «Gestes des Francs» attribués à Saint Gilles de qui on disait qu'il a survécu à la bataille de Roncevaux. Nous ne savons pas si, en faisant le récit de la bataille, Turold a réellement suivi les chroniques latines, mais quel que soit le cas, il est évident que c'est dans la Bible qu'il a puisé une partie de sa matière, particulièrement dans l'Ancien Testament. C'est en plein accord avec les traditions bibliques que Charlemagne est investi[26] des caractéristiques du prêtre-roi, et que Turold lui attribue l'âge mythique de deux cents ans. Dieu a arrêté le soleil pour aider Josué; il fait de même pour Charlemagne. Le livre de Daniel a sans doute servi de source principale pour les récits sur les rêves prophétiques du roi des Francs. Il faut aussi noter que les prières de Roland et de Charlemagne ne sont que des variations ingénieuses tirées des prières que les contemporains de Turold avaient l'habitude de réciter.

L'influence des auteurs classiques se manifeste le plus clairement dans l'usage des formules telles que des questions rhétoriques, des soliloques et apostrophes, ou des discours adressés soit à des personnes absentes soit à des objets inanimés. Les lamentations de Roland après la mort d'Olivier et celles de Charlemagne après la fin de Roland sont tout à fait conformes à la tradition ancienne. C'est aussi sur un modèle ancien que la description du cheval de Turpin est calquée.

En faisant preuve de plus de patience que de sens de l'humour, les érudits du XIXe siècle ont fait des efforts considérables pour identifier tous les noms propres qui figurent dans la *Chanson*. Bien entendu, ces efforts étaient aussi inutiles qu'impossibles puisque c'est Turold lui-même qui a créé la plupart de ces noms; ceux des guerriers sarrasins et de leurs pays d'origine sont pour la plupart les produits de son imagination. Bien que quelques noms historiques, géographiques ou bibliques fussent authentiques, la plupart trouvaient leur origine dans le folklore, dans de vagues souvenirs historiques, ou bien ils ont été tout simplement inventés dans le dessein évident de créer une atmosphère exotique. Qu'ils soient authentiques ou imaginaires, c'est avec un soin méticuleux que Turold contrôle et fait agir la multitude de personnages qui paraissent dans la *Chanson*.

Quant aux émotions violentes et aux glorieux faits d'armes, il faut se rappeler que nous nous trouvons dans un monde extraordinaire créé par la littérature épique. Les torrents de larmes et les évanouissements sans nombre ne doivent pas être pris à la lettre puisqu'ils ne font que symboliser l'agonie cruelle des héros. De même c'est dans un sens symbolique et non pas mathématique que les chiffres cités par le poète doivent être considérés. Puisqu'il s'agit d'un poème épique, il serait inutile de se demander comment quatre cent mille chevaliers ont pu manœuvrer dans le défilé[27] étroit de Roncevaux, ou comment un guerrier sur le point de mourir a pu

---

[26] *investi*: mis en possession de.
[27] *défilé*: passage étroit.

se ranimer pour tuer quatre cents de ses ennemis avant de rendre l'âme. Il est également inutile de se demander comment un patriarche de deux cents ans a pu être l'oncle d'un jeune héros.

LE STYLE

La chanson comprend 4002 vers décasyllabiques assonancés. Cela veut dire que chaque vers comporte dix syllabes (quelquefois accompagnées d'une syllabe supplémentaire atone[28]) et que le ton voyelle de la dernière syllabe avec un accent tonique[29] s'accorde avec les syllabes des vers voisins tandis que les consonnes suivantes ne s'accordent pas nécessairement. Voici un exemple typique de vers traduits en français moderne :

> Et l'Empereur alors son chef incline.
> De sa parole ne fut jamais hâtif;
> Sa coutume est de parler à loisir
> Se redressa, très fier visage il fit.

Comme l'on peut voir, la dernière voyelle dans ces vers est un long *i*, tandis que les consonnes qui la suivent varient. Il y a toujours une pause ou césure dans chaque vers, qu'on trouve habituellement après la quatrième syllabe. Le poème est divisé en 291 laisses dont la longueur varie de cinq à trente vers. La plupart des laisses présentent une image unifiée des événements (ou des descriptions) du fait que tous les vers se terminent en une seule assonance. Après grand nombre de laisses on trouve les lettres AOI, un phénomène que les savants n'ont pas encore réussi à expliquer de façon satisfaisante.

La forme métrique choisie par l'auteur, qui est à la fois expressive et flexible, était celle qui convenait le mieux à un poème de ce genre. Aussi est-il regrettable qu'elle n'ait pu être retenue dans cette édition. De longs efforts faits pour moderniser le texte en vers assonancés ont amplement démontré que plus les vers ressemblent à l'original, moins ils deviennent intelligibles pour le lecteur moderne. Cela veut dire, hélas, que plus les vers deviennent intelligibles pour le lecteur moderne, moins ils ressemblent à l'original. La langue française a subi des changements si radicaux au cours des derniers huit siècles et demi que beaucoup de rimes qu'on trouve dans la plupart des laisses cessent d'être assonantes si l'on emploie la prononciation moderne. Pour citer un exemple typique, un grand nombre de nasales ont été de pures voyelles dans la langue originale. Comme nous avons vu dans l'exemple ci-dessus, l'ancien français put se passer des sujets pronominaux (comme le latin l'a fait), mais cela n'est plus possible dans le français moderne. L'élimination des sujets prono-

---

[28] *atone :* non accentué.
[29] *tonique :* marqué de l'accent.

minaux donnerait un français incorrect, tandis que leur emploi risquerait de rompre
les cadres déjà fort compacts des décasyllabiques. Bien qu'une traduction en prose
sacrifie le rythme et la mélodie de l'original, et par conséquent fait beaucoup perdre
de sa beauté lyrique, elle peut néanmoins garder intacte l'intrigue, la caractérisation et
la valeur spirituelle du poème. C'est pourquoi la lecture de *La Chanson de Roland,*
même en forme de prose, ne manque ni d'attrait, ni d'intérêt.

Le texte que nous présentons a été basé sur une traduction faite par J. Geddes
Jr. en 1906. Cette traduction a toutefois[30] été considérablement remaniée à la lumière
des études scientifiques plus récentes. Puisque Geddes s'est servi de la troisième
édition de Theodore Müller, actuellement périmée,[31] nous avons réarrangé les vers
et les laisses de cette traduction pour qu'ils s'accordent avec l'édition classique de
Joseph Bédier.

Les savants ont noté que les notions médiévales des formes littéraires étaient très
différentes des nôtres. Nous nous attendons à ce qu'une œuvre littéraire atteigne
son point culminant vers la fin tandis qu'au douzième siècle on a préféré le placer au
milieu de l'œuvre (mais pas nécessairement au milieu du vers ou des laisses) en
équilibrant les scènes qui le précédaient ou le suivaient. Le point culminant de
notre histoire est la mort de Roland. Cette scène est précédée par la description de
la bataille où il a trouvé la mort, et elle est suivie des récits de la poursuite et du
combat au cours duquel sa mort est vengée. Les trois scènes centrales sont à leur tour
précédées par l'histoire de la trahison de Ganelon et suivies des récits racontant le
procès et le châtiment de Ganelon. Bien que ces caractéristiques structurales ne
soient pas apparentes dans le manuscrit original, elles sont conformes aux principes
esthétiques en vogue à cette époque. Le récit de la mort de Roland apparaît comme
une composition centrale dans l'un des magnifiques tympans[32] sur le fronton[33] d'une
cathédrale romane où la figure dominante est invariablement entourée par un nombre
égal de personnages moindres rangés à ses deux côtés.

Pour simplifier la lecture, nous avons divisé le texte en cinq parties et ajouté
des annotations marginales qui, bien entendu, n'apparaissent pas dans le manuscrit
original. Les questions qui suivent chaque partie de la *Chanson* ont été rédigées dans le
but d'encourager une lecture attentive du texte et de stimuler les pensées et les dis-
cussions originales. Nombre de ces questions sont susceptibles de provoquer des
réponses subjectives.

---

[30] *toutefois :* cependant.
[31] *périmé :* expiré.
[32] *tympan :* espace sculpté sur la porte d'une cathédrale.
[33] *fronton :* ornement d'architecture au-dessus de l'entrée d'un édifice.

I La Trahison de Ganelon

🌿 1 🌿

Le roi Charles,[1] notre grand empereur, est resté
sept ans en Espagne. Il a conquis le pays jusqu'à
la mer; il n'est ni château qui tienne devant lui, ni
ville, ni mur qui reste à forcer, sauf Saragosse au
5 haut d'une montagne. Le roi Marsile l'occupe, Marsile, ennemi de Dieu, qui sert Mahomet[2] et invoque
Apollon;[3] aussi ne peut-il échapper aux malheurs
qui vont l'attendre.   AOI[4]

*Charlemagne a conquis
toute l'Espagne sauf Saragosse, la ville du roi sarrasin, Marsile.*

🌿 2 🌿

Le roi Marsile était à Saragosse. Il est allé dans un
verger,[5] à l'ombre, et il s'est couché sur un perron de
marbre bleu. Plus de vingt mille hommes l'entourent.

*Marsile convoque son con-
seil pour demander comment
il pourra résister à Charlemagne.*

---

[1] *Charles:* Charlemagne, roi des Francs.
[2] *Mahomet:* fondateur de l'Islamisme.
[3] *Apollon:* dieu grec de la Lumière, des Arts et de la Divina-
tion.
[4] *AOI:* mot énigmatique; peut-être un refrain?
[5] *verger:* lieu planté d'arbres fruitiers.

Il adresse alors la parole à ses ducs et à ses comtes :
5 «Sachez, seigneurs, quel malheur nous accable.
Charles, l'empereur de la douce France,[6] est venu
dans ce pays pour nous détruire. Je n'ai pas d'armée
pour lui livrer bataille, ni hommes capables de détruire
ses forces. Conseillez-moi, donc, en hommes sages
10 que vous êtes, et sauvez-moi de la mort et de la honte.»
Il n'est pas un de ces païens qui trouve un seul mot
à lui répondre, sauf Blancandrin, du château de Val-
Fonde.[7]

꙳ 3 ꙳

Blancandrin conseille à
Marsile d'offrir des cadeaux
et des otages à Charle-
magne et de lui promettre
de lui rendre hommage à
Aix-la-Chapelle.

Parmi les païens, Blancandrin était un des plus
sages, un chevalier de beaucoup de noblesse et de
grande vaillance ; aussi était-il homme de sens pour
aider son seigneur. Il dit au roi : «Ne vous effrayez
5 point. Offrez au fier et orgueilleux Charles loyal
service et très grande amitié. Présentez-lui des chiens,
des ours, et des lions, puis sept cents chameaux[8] et
mille faucons qui aient mué.[9] Envoyez-lui encore
quatre cents mulets[10] chargés d'or et d'argent et cin-
10 quante chars pour transporter ces présents. Avec cela
il pourra bien payer ses soldats. Il a assez longtemps
fait la guerre dans notre pays ; il est temps qu'il retourne
à Aix,[11] en France. Dites-lui que vous le suivrez
à la fête de saint Michel, pour y recevoir la loi des
15 chrétiens et devenir son homme-lige,[12] loyal en tout.

---

[6] Notez que même le roi sarrasin dit «la douce France.»

[7] *Val-Fonde :* pays fictif de Blancandrin.

[8] *chameau :* animal domestique qui a une ou deux bosses sur le
dos.

[9] *muer :* se dit des animaux qui perdent leur peau, leur poil ou
leur plumage.

[10] *mulet :* animal engendré d'un âne et d'une jument (femelle du
cheval).

[11] *Aix-la-Chapelle :* maintenant Aachen, en Allemagne.

[12] *homme-lige :* vassal ; personne absolument dévouée à son protecteur.

S'il veut des otages, envoyez‑lui en dix ou vingt
pour lui donner de la confiance. Oui, envoyez‑lui
les fils de nos femmes. Moi, le premier, je lui enverrai
mon fils, dût‑il mourir. Il vaut bien mieux qu'ils
20   perdent leurs têtes que nous perdions notre honneur
et nos biens et que nous soyons réduits à mendier.»
AOI

❧ 4 ❧

Blancandrin dit encore: «Par ma main droite que
voici, et par cette barbe que le vent agite sur ma poi‑
trine, vous verrez aussitôt l'armée des Français se
disperser. Les Francs s'en iront en France, leur terre.
5   Quand chacun sera retourné chez lui et que Charles
sera à sa chapelle d'Aix, il donnera une très grande
fête à la Saint‑Michel. Le jour promis viendra et le
terme passera sans qu'il ait de nous ni mot ni nouvelle.
Le roi est féroce et son cœur est cruel. Il fera trancher
10   la tête de nos otages. Mais il vaut mieux qu'ils y
perdent la vie, plutôt que nous perdions notre Belle
Espagne et que nous ayons à supporter tant de maux
et de souffrances.» A ces mots les païens disent:
«Cela peut bien être.»

*Les Sarrasins ne se présen‑
teront pas, bien que Char‑
les fera exécuter les otages.*

❧ 5 ❧

Le roi Marsile a tenu son conseil. Il appelle alors
Clarin de Balaguer, Estramarin et son pair[13] Eudropin,
Priamus, et Garlin le barbu,[14] Machiner avec son
oncle Maheu, Joüner avec Malbien d'outre‑mer, et
5   enfin Blancandrin pour traiter l'affaire. Après avoir

*Marsile donne l'ordre à
dix Sarrasins, dont Blan‑
candrin, de se rendre comme
ambassadeurs auprès de
Charlemagne.*

---

[13] *pair:* camarade.
[14] *barbu:* qui a de la barbe.

fait venir ces dix païens, les plus félons[15] de tous,
Marsile leur dit: «Seigneurs barons, vous irez trouver
Charlemagne qui est en ce moment au siège de la
cité de Cordoue.[16] Vous porterez des branches d'oli-
10 vier dans vos mains en signe de paix et de soumission.
Si par votre savoir-faire vous pouvez nous mettre
d'accord, je vous donnerai d'or et d'argent, de terres
et de fiefs[17] autant que vous en voudrez.» A cela les
païens répondirent: «De toutes ces choses rien ne
15 nous manque.»

⚘ 6 ⚘

Laisse similaire dans la-
quelle Marsile répète ses
instructions à ses ambas-
sadeurs.

Le roi Marsile a tenu son conseil. «Seigneurs,» dit-
il à ses hommes, «vous vous en irez avec des branches
d'olivier dans vos mains et vous direz au roi Charlemagne qu'au nom de son Dieu il ait pitié de moi;
5 qu'il ne verra ce premier mois passer sans que je vienne à sa rencontre avec mille de mes fidèles pour recevoir la loi chrétienne et devenir son homme par amour
et par foi. S'il veut des otages, certes il en aura.»
«Bien,» dit Blancandrin, «vous aurez à vous réjouir
10 de votre message.»   AOI

⚘ 7 ⚘

Les ambassadeurs de Mar-
sile arrivent au quartier
général de Charles.

Marsile fit amener dix mules blanches que lui avait
données le roi de Suatilie. Leurs freins[18] sont d'or
et leurs selles d'argent. Les dix messagers y sont

---

[15] *félon:* déloyal.
[16] *Cordoue:* ville d'Espagne.
[17] *fief:* domaine qu'un vassal tenait de son seigneur.
[18] *frein:* partie de la bride qu'on met dans la bouche du cheval.

montés, tenant des branches d'olivier[19] à la main.
5 Ils arrivent bientôt près du roi qui tient la France en
son pouvoir. Charles ne pourra se garder tout à fait
de tomber dans leur trappe.   AOI

❧ 8 ❧

L'empereur est joyeux et de belle humeur. Il vient de
prendre Cordoue et il en a détruit les murs et renversé
les tours avec ses machines de guerre. Ses chevaliers
y ont fait grand butin[20] en or, en argent, et en riches
5 armures.[21] Dans la ville, il n'est pas resté un seul
païen qui n'ait été mis à mort, ou qui ne soit devenu
chrétien. L'empereur est dans un grand verger, entou-
ré de Roland et d'Olivier, du duc Samson, du fier
Anséis, de Geoffroi d'Anjou, porte-étendard[22]
10 royal, de Gérin et de Gérier, et beaucoup d'autres
encore se trouvaient auprès de lui—quinze mille
hommes de la douce France. Ces chevaliers sont
assis sur des tapis blancs, et ils s'amusent à jouer au
tric-trac;[23] les plus sages ou les plus vieux, aux échecs,
15 tandis que les jeunes chevaliers agiles se livrent à
l'escrime.[24] A l'ombre d'un pin, près d'un églantier,[25]
il y a un trône tout en or pur. C'est là qu'est assis le
roi qui gouverne la douce France. Il a la barbe blanche, la tête toute fleurie,[26] la taille noble, la contenance
20 majestueuse. Il n'est pas besoin de l'indiquer à celui

*Les ambassadeurs de Mar-
sile arrivent au quartier
général de Charlemagne.*

---

[19] *olivier:* arbre qui fournit l'olive; symbole de la paix.

[20] *butin:* ce qu'on enlève à l'ennemi.

[21] *armure:* ensemble des défenses métalliques qui protégeaient
autrefois le corps de l'homme de guerre.

[22] *porte-étendard:* officier qui porte l'étendard (drapeau).

[23] *tric-trac:* jeu.

[24] *escrime:* sport à l'épée.

[25] *églantier:* rosier sauvage.

[26] *fleuri:* qui est en fleurs; comme un arbre qui fleurit; ici:
blanche.

qui le cherche. Les messagers de Marsile descendirent de leurs mules et saluèrent l'empereur avec amour et avec respect.

9

Blancandrin délivre le mes-
sage de Marsile.

Blancandrin parla le premier et dit au roi: «Soyez béni de Dieu le glorieux que nous devons adorer. Voici ce que vous mande le vaillant roi Marsile. Il a beaucoup examiné la loi du salut;[27] il désire vous
5 donner une grande partie de ses trésors, ours et lions, et lévriers[28] en laisse,[29] sept cents chameaux et mille faucons qui ont passé la mue,[30] quatre cents mulets chargés d'or et d'argent, cinquante chars que vous ferez vous-même remplir. Il y aura tant de besants[31]
10 d'or pur que vous pourrez payer tous vos soldats. Il y a longtemps que vous êtes dans ce pays et vous devez avoir hâte de rentrer en France, à Aix. Mon maître vous y suivra, c'est lui-même qui le dit.» L'empereur lève alors ses deux mains vers Dieu, il
15 baisse la tête et se met à réfléchir.   AOI

10

Charles soupçonne la bonne
foi de Marsile.

L'empereur demeura là, la tête baissée. Il avait pour habitude de ne pas se presser pour répondre. Quand il se redressa, il montra un visage plein de fierté et répondit aux messagers: «Vous avez très bien parlé.

---

[27] *loi du salut:* le christianisme.
[28] *lévrier:* chien à hautes jambes.
[29] *laisse:* corde pour mener un chien (cf. *laisse:* strophe d'une chanson de geste).
[30] *qui ont passé la mue:* ces animaux avaient plus de valeur.
[31] *besant:* monnaie byzantine d'or ou d'argent.

5 Mais le roi Marsile est mon grand ennemi. Quelle
garantie pourrai-je avoir des paroles que vous venez
de prononcer?» «Des otages,» dit le Sarrasin, «dont
vous aurez ou dix, ou quinze, ou vingt. Mon fils
sera du nombre, dût-il y périr, et vous en aurez, je
10 crois, de plus nobles encore. Quand vous serez de
retour en votre palais seigneurial à la grande fête de
saint Michel-du-Péril,[32] mon maître vous y rejoindra,
c'est lui qui le promet, et dans vos bains[33] que Dieu
a faits pour vous, là il voudra se faire chrétien.»
15 Charles répond: «Il pourra se sauver encore.»

11

Le soleil fut brillant, la soirée belle. Charles fait mettre les dix mulets aux écuries. Dans le grand verger il
fait dresser une tente pour donner l'hospitalité aux dix
messagers. Douze valets sont chargés de les servir.
5 Les Sarrasins reposent là toute la nuit et restent
jusqu'au grand jour. L'empereur s'est levé de grand
matin.[34] Après avoir entendu messe et matines,[35]
il est allé sous un pin où il fait venir ses barons pour
tenir conseil avec eux, car il ne veut rien faire sans
10 l'avis de ses barons de France.   AOI

On offre l'hospitalité aux ambassadeurs.

12

L'empereur se met donc sous un pin et fait venir ses
barons pour tenir son conseil. Il y avait le duc Ogier
et l'archevêque Turpin, le vieux Richard et son neveu

Le lendemain matin Charles convoque son conseil pour discuter de l'affaire.

---

[32] *saint Michel-du-Péril:* patron de l'abbaye bénédictine Mont-
Saint-Michel en Bretagne.

[33] *bains:* Charlemagne était un nageur enthousiaste.

[34] *de grand matin:* de bonne heure.

[35] *matines:* première partie de l'office divin.

Henri, le brave comte Acelin de Gascogne, Tibaut
5 de Reims et son cousin Milon, Gérier et Gérin, et
avec eux est arrivé le comte Roland suivi du preux[36]
et noble Olivier. Il y a là plus de mille Francs de
France. Ganelon est venu, celui qui fit la trahison.
Alors commence ce conseil qui a si mal tourné.

AOI

⚜ 13 ⚜

Charles informe son conseil
de l'offre de Marsile.

«Seigneurs barons,» dit l'empereur Charles, «le roi
Marsile m'a envoyé ses messagers. Il veut me donner
une grande part de ses richesses, ours et lions, et
lévriers en laisse, sept cents chameaux, mille faucons
5 après leur mue, quatre cents mules chargés d'or
d'Arabie, avec plus de cinquante chars tout pleins.
Mais il demande que je m'en aille en France; il me
rejoindra dans ma résidence d'Aix et recevra notre
loi qui est la loi du salut. Il se fera chrétien et tiendra
10 de moi ses domaines. Mais je ne sais pas quel est
le fond de son cœur.» Les Français disent: «Il convient
d'y prendre garde.»   AOI

⚜ 14 ⚜

Roland propose que la guerre
soit menée jusqu'à la fin.

L'empereur a fini son discours. Le comte Roland,
qui ne l'approuve point, se lève pour le combattre.
Il dit au roi: «Ce sera folie de croire Marsile. Voilà
sept longues années que nous sommes en Espagne; je
5 vous ai conquis Noples et Commibles,[37] j'ai pris

---

[36] *preux:* vaillant.

[37] *Noples et Commibles:* villes inconnues, peut-être fictives, comme
la plupart des villes suivantes.

pour vous Valtierre, et la terre de Pine, et Balaguer,
et Tudèle, et Sezilie.[38] Le roi Marsile s'est toujours
montré traître. Déjà, il vous a envoyé quinze de ses
païens; chacun d'eux portait une branche d'olivier
10 et ils vous ont dit les mêmes paroles qu'aujourd'hui.
Vous avez pris conseil de vos Français qui vous ont
conseillé d'une manière assez légère. Vous avez envoyé
aux païens deux de vos comtes, l'un était Basan, l'autre
Basile. Or, que fit Marsile? Il prit leurs têtes dans les
15 montagnes non loin de Haltilie. Faites donc la guerre,
comme vous l'avez entreprise, conduisez votre armée
à Saragosse, mettez-y le siège, dût-il durer toute notre
vie et venger ceux que le félon a fait mourir.»

AOI

𝒴ℰ 15 𝒴ℰ

L'empereur tient la tête baissée, il tourmente sa barbe,
et tord sa moustache et ne répond à son neveu ni bien
ni mal. Tous les Français se taisent, sauf Ganelon.
Il se lève et vient devant Charles et commence très
5 fièrement son discours. «Vous aurez tort de croire
les vauriens,» dit-il au roi, «ni moi, ni d'autres, si cela
ne vous profite pas. Quand le roi Marsile vous mande
qu'il deviendra, mains jointes,[39] votre homme-lige,
et qu'il tiendra toute l'Espagne comme un don de
10 vos mains, et qu'il recevra la loi que nous suivons,
celui qui nous conseille de rejeter ces offres ne se
soucie guère, sire, de quelle mort nous mourrons.
Conseil d'orgueil ne doit pas prévaloir. Laissons les
fous et tenons-nous aux sages.»

AOI

*Ganelon, le beau-père de
Roland, conseille à Charles
d'accepter l'offre de Marsile.*

---

[38] *Sezilie:* probablement erreur pour Séville.
[39] *mains jointes:* geste de soumission.

≰ 16 ≱

Après cela Naimes s'avance à son tour. Dans toute la cour il n'y avait pas de meilleur vassal. «Vous avez bien entendu,» dit-il au roi, «ce que Ganelon vous a répondu. Sage conseil, et il faut bien qu'on y fasse
5 attention. Le roi Marsile est vaincu dans la guerre; vous avez pris tous ses châteaux, vous avez détruit ses remparts par vos machines de guerre, brûlé ses villes, battu ses hommes. Or, quand il demande d'avoir pitié de lui, ce serait péché de vouloir faire
10 encore plus contre lui, puisqu'il vous offre des otages pour sûreté. Cette grande guerre ne doit pas aller plus avant.» Et les Français disent: «Le duc a bien parlé.»
AOI

≰ 17 ≱

*Charlemagne demande qu'un
volontaire se rende à Saragosse pour négocier avec
Marsile. Il rejette l'offre
de Naimes.*

«Seigneurs barons, qui enverrons-nous à Saragosse, auprès du roi Marsile?» Le duc Naimes répond: «J'irai, si vous le permettez. Donnez-moi à l'instant le gant et le bâton.»[40] Le roi répond: «Vous êtes
5 un homme sage. Par cette barbe et par ma moustache, vous n'irez pas cette année si loin de moi. Allez vous asseoir, car personne ne vous appelle.»

≰ 18 ≱

«Seigneurs barons, qui pourrons-nous envoyer au Sarrasin qui tient Saragosse?» Roland répond: «Je

---

[40] *le gant et le bâton:* symboles d'autorité.

puis très bien y aller.» «Vous ne le ferez certes pas,»
dit le comte Olivier, «votre cœur est trop ardent et
5 féroce ; je craindrai pour vous quelque méchante affaire. Si le roi le veut, je puis y aller très bien.» Le roi
répond : «Taisez-vous tous deux. Ni vous ni lui n'y
mettrez les pieds. Par cette barbe que vous voyez
blanchir, aucun des douze pairs ne sera jamais choisi.»
10 Les Français se taisent. Les voilà qui se tiennent tran-
quilles.

mais Olivier lui défend de se rendre à Saragosse.

⚜ 19 ⚜

Turpin de Reims s'est levé du cercle et dit au roi :
«Laissez en paix nos Francs. Depuis sept ans que vous
êtes en ce pays, ils ont eu bien des fatigues et des peines.
Donnez-moi, sire, le bâton et le gant et j'irai trouver
5 le Sarrasin d'Espagne. Je verrai un peu comme il
est fait.» L'empereur lui répond d'un ton irrité : «Allez vous asseoir sur ce tapis blanc et ne parlez plus de
cela, à moins que je ne vous l'ordonne.»   AOI

Turpin, l'archevêque de Reims, offre à son tour ses services, mais Charles les refuse.

⚜ 20 ⚜

«Chevaliers francs,» dit l'empereur Charles, «choisissez-moi un baron de ma terre pour porter mon
message au roi Marsile.» «Ce sera Ganelon, mon
beau-père,» dit Roland. Les Français disent : «Il s'en
5 acquittera bien ; si vous le laissez partir, vous n'en
enverrez point de plus prudent.» A ces mots le comte
Ganelon fut très tourmenté. Il rejette de son cou sa
grande fourrure de martre[41] et il reste alors vêtu de son

Charles demande qu'un nom soit proposé. Roland désigne Ganelon et les Francs approuvent son choix. Ganelon est offensé, et Roland offre de prendre sa place.

---

[41] *martre :* petit animal d'une fourrure très estimée.

habit de soie. Il avait les yeux de couleur changeante
10 et le visage plein de fierté, son corps était gracieux et
ses épaules larges. Il était si beau que tous ses pairs le
regardent. Il dit à Roland : «Fou que tu es, pourquoi
cette rage? On sait bien que je suis ton beau⁄père. Tu
m'as nommé pour aller chez Marsile. Si Dieu m'ac⁄
15 corde que de là je revienne, je ferai venir sur toi un si
grand malheur qu'il durera pendant toute ta vie.»
Roland lui répond : «C'est orgueil et folie. On sait
bien que j'ai nul souci des menaces. Mais il faut pour
ce message un homme sage. Si le roi le veut, je suis
20 prêt à le faire pour vous.»   AOI

⚜ 21 ⚜

Ganelon refuse l'offre de
Roland et répète sa menace.
Roland rit.

Ganelon répond : «Tu n'iras point pour moi. Tu
n'es pas mon vassal, et moi, je ne suis pas ton seigneur.
Charles ordonne que je fasse son service. J'irai trouver
Marsile à Saragosse. Mais j'y ferai quelque folie pour
5 soulager cette grande colère.» A ces mots, Roland se
met à rire.   AOI

⚜ 22 ⚜

Ganelon se met en colère.

Quand Ganelon voit que Roland se moque de lui,
il en a une telle douleur que, de colère, il manque
d'éclater. Il s'en faut peu⁴² qu'il ne perde le sens. Il
dit au comte : «Je ne vous aime point, vous avez fait
5 tomber sur moi ce choix funeste. Juste empereur, me
voici devant vous, je désire accomplir vos ordres.»
                                                          AOI

----

⁴² *il s'en faut peu :* il ne manque pas beaucoup.

⚘ 23 ⚘

«Je sais bien qu'il faut que j'aille à Saragosse. Qui va là-bas ne peut en revenir. J'ai, cependant, épousé votre sœur; j'ai d'elle un fils, il n'en est de plus beau. C'est Baudouin qui, s'il vit, sera un preux. Je lui
5 laisse mes terres et mes fiefs. Gardez-le bien, car je ne le verrai plus.» Charles répond: «Vous avez le cœur trop tendre. Puisque je l'ordonne, il faut que vous partiez.» AOI

Ganelon demande aux Francs de respecter le patrimoine de son fils au cas où il ne reviendrait pas de sa mission.

⚘ 24 ⚘

«Ganelon,» dit le roi, «approchez et recevez le bâton et le gant. Vous l'avez entendu, ce sont les Français qui vous désignent.» «Sire,» dit Ganelon, «c'est Roland qui a fait tout cela, et plus jamais de ma vie
5 je ne l'aimerai, ni Olivier parce qu'il est son compagnon, ni les douze pairs[43] parce qu'ils l'aiment tant. Je les défie tous, sire, sous vos yeux.» Le roi dit: «Vous avez trop de rancune. Or, vous irez certes, quand je l'ordonne» — «Je puis y aller, mais je n'y
10 trouverai point de sûreté. Basile n'en eut aucune, ni son frère Basan.»[44] AOI

En colère, Ganelon défie Roland, Olivier et les douze pairs, les favoris de l'empereur. Dès lors, il sera leur ennemi.

⚘ 25 ⚘

L'empereur lui tend le gant de sa main droite, mais le comte Ganelon voudrait être bien loin de là. Quand

Ganelon fait tomber le gant de Charles, le symbole de

---

[43] *pairs:* ici, grands vassaux du roi.
[44] *Basile et Basan:* les ambassadeurs de Charlemagne tués par Blancandrin.

l'autorité royale. Les Francs considèrent l'incident de mauvais augure.

il dut le prendre, le gant tomba à terre. «Dieu,» s'écrient les Français, «qu'est‑ce que cela voudra dire? Ce message nous attirera de grandes pertes.» «Seigneurs,» dit Ganelon, «vous en aurez des nouvelles.»

✣ 26 ✣

Ganelon prend congé de Charlemagne.

«Sire,» dit Ganelon, «donnez‑moi congé; puisqu'il faut partir, je n'ai plus de temps à perdre.» Le roi lui dit: «Allez au nom de Jésus et au mien.» De sa main droite, il l'absout et il fait sur lui le signe de la croix. Puis il lui remet le bâton et la lettre.

✣ 27 ✣

Ganelon quitte ses compagnons et part pour Saragosse.

Le comte Ganelon s'en va dans sa maison, il se met à s'équiper de la meilleure armure qu'il peut trouver. Il attache à ses pieds des éperons d'or, il ceint[45] à son côté Murgleis,[46] son épée. Il monte sur Tachebrun, son destrier.[47] Son oncle Guinemer lui tient l'étrier.[48] Là vous eussiez vu tant de chevaliers pleurer, qui tous lui disent: «Quel malheur pour vous, seigneur! Il y a si longtemps que vous êtes à la cour du roi, où on vous tient pour un noble vassal. Celui qui vous a désigné pour aller là‑bas, Charlemagne lui‑même ne saura le protéger. Jamais le comte Roland n'eût dû avoir une telle pensée, car vous descendez d'une si grande ligne.»[49] Ensuite ils ajoutent: «Sire,

---

[45] *ceindre:* mettre autour d'une partie du corps.

[46] *Murgleis:* c'était la coutume que les héros des chansons nomment leurs épées.

[47] *destrier:* cheval de bataille.

[48] *étrier:* sorte d'anneau de métal sur lequel le cavalier appuie le pied en montant le cheval.

[49] *ligne:* famille, ascendance.

emmenez-nous.» Ganelon répond : «Au Seigneur
15 Dieu ne plaise ! Mieux vaut périr seul qu'avec tant de
bons chevaliers. Vous retournerez, seigneurs, en douce
France, saluez ma femme de ma part et Pinabel,
mon ami et mon pair, et mon fils Baudouin, que vous
connaissez bien. Aidez-le et le tenez pour seigneur.»
20 Il se met en route et poursuit son chemin.   AOI

≤ **28** ≥

Ganelon chevauche[50] sous de hauts oliviers ; il a
rejoint les messagers sarrasins. Mais Blancandrin va
lentement pour l'attendre. L'un à l'autre, ils se parlent
avec grande finesse. Blancandrin dit : «Charles est
5 un homme merveilleux qui a conquis la Pouille et
toute la Calabre. Il a passé la mer salée du côté de
l'Angleterre,[51] et en a conquis le tribut pour Saint-
Pierre.[52] Mais que cherche-t-il ici dans notre pays ?»
Ganelon répond : «Telle est son humeur, et il n'y
10 aura jamais homme qui tienne devant lui.»   AOI

*En route vers Saragosse,
Ganelon s'entretient avec
Blancandrin.*

≤ **29** ≥

Blancandrin dit : «Les Français sont très nobles,
mais ces ducs et ces comtes qui lui donnent de tels
conseils font grand tort à leur seigneur, ils tourmentent
et perdent lui et les autres.» Ganelon répond : «En
5 vérité, je ne connais personne entre eux qui merite
ce blâme si ce n'est Roland, qui encore en aura honte.

*Ganelon et Blancandrin
parlent de Roland.*

---

[50] *chevaucher :* aller à cheval.

[51] *il a passé la mer salée du côté de l'Angleterre :* cela n'a aucune base
historique.

[52] *le tribut pour Saint-Pierre :* «Peter's Pence», une ancienne
contribution à l'Eglise de Rome.

Hier matin l'empereur était assis à l'ombre; son neveu,
vêtu de son haubert,[53] vint devant lui. Il avait fait
butin près de Carcassonne. Dans sa main, il tenait
10   une pomme rouge. 'Tenez, beau sire,' dit Roland à
son oncle, 'je vous offre les couronnes de tous les rois.'
Son orgueil devrait bien le perdre, car chaque jour il
s'expose à la mort. Que quelqu'un le tue, nous aurons
alors tous la paix.»   AOI

🌿 30 🌿

Ganelon   et   Blancandrin   Blancandrin dit: «Roland est bien cruel de vouloir
continuent   leur   discussion.   faire crier merci à tout le monde et de porter le défi
dans tous les pays. Sur quelles gens compte-t-il pour
faire de tels exploits?» Ganelon répond: «Sur les Fran-
5   çais. Ils l'aiment tant qu'ils ne lui feront jamais défaut. Il les régale avec tant d'or et d'argent, et mulets,
et destriers, soieries et armures. L'empereur lui-même
a autant qu'il en désire. Roland lui fera la conquête
de la terre, d'ici jusqu'au Levant.»   AOI

🌿 31 🌿

Avant d'atteindre Saragosse,   Ganelon et Blancandrin ont fait tant de chemin ensem-
Ganelon et Blancandrin   ble qu'ils s'engagèrent leur foi l'un à l'autre de travail-
sont d'accord pour détruire   ler à la mort de Roland. Ils ont parcouru à cheval tant
Roland.   de voies et de routes qu'enfin ils arrivent à Saragosse.
5   Ils mettent pied à terre sous un sapin. A l'ombre
d'un pin, il y avait un trône recouvert de soie d'Alexandrie. Là était le roi, maître de toute l'Espagne,
autour de lui vingt mille Sarrasins. Il n'y a pas un

---

[53] *haubert*: chemise de mailles («chain mail»).

qui dise ou qui souffle mot[54] dans l'attente des nou-
10 velles qu'ils voudraient apprendre. Alors voici venir
Ganelon et Blancandrin.

⚘ 32 ⚘

Blancandrin, tenant le comte Ganelon par la main,
se présente devant Marsile et dit au roi : «Salut au
nom d'Apollon et de Mahomet dont nous gardons
la sainte loi. Nous avons fait votre message à Charles.
5 Il leva ses deux mains vers le ciel, loua son Dieu et
ne fit point d'autre réponse. Il vous envoie un de ses
nobles barons de France, homme très puissant. Vous
saurez de lui si vous aurez la paix ou non.» Marsile
répond : «Qu'il parle, nous l'écouterons.»   AOI

Blancandrin introduit Gane-
lon auprès de Marsile.

⚘ 33 ⚘

Mais le comte Ganelon avait bien réfléchi et il se met
à parler avec une grande adresse comme celui qui
sait bien le faire, et dit au roi : «Salut au nom de Dieu,
le glorieux, que nous devons adorer. Charlemagne,
5 le preux, vous mande ceci : 'Que vous receviez la
sainte loi chrétienne, il vous donnera en fief la moitié
de l'Espagne.' Si vous ne voulez pas accepter cet
accord, vous serez pris et lié de force, et l'on vous
conduira à Aix, la capitale. Là vous serez condamné
10 par jugement et vous y mourrez dans la honte et
l'opprobre.»[55] A ces mots le roi Marsile fut tout
frémissant. Il tenait à la main une javeline empennée[56]

Ganelon provoque Marsile
en exagérant les demandes de
Charles.

---

[54] *ne pas souffler mot :* ne pas dire un seul mot.
[55] *opprobre :* honte.
[56] *empenné :* garni de plumes.

d'or, et il en aurait frappé Ganelon, si on ne l'en avait empêché.   AOI

34

Marsile menace Ganelon de sa javeline.

Le roi changea de couleur et agita la hampe[57] de sa javeline. A cette vue Ganelon porta la main à son épée, la tira du fourreau[58] la longueur de deux doigts. «Epée,» lui dit⸍il, «vous êtes claire et belle; tant que je vous porterez à la cour d'un roi, l'empereur de France ne dira pas que je sois mort tout seul chez l'étranger avant que les meilleurs vous aient payé de leur sang.» Alors les païens disent: «Empêchons⸍ les de se battre.»

35

Les Sarrasins retiennent Marsile. L'ordre est rétabli.

Les principaux Sarrasins ont tant prié Marsile qu'en⸍ fin il s'est rassis[59] sur son trône. Le calife lui dit: «Vous nous avez mis dans un mauvais cas en voulant frapper le Français. Vous auriez dû l'écouter et l'en⸍ tendre.» «Sire,» dit Ganelon, «il faut bien que je souffre cet affront, mais jamais je ne consentirais pour tout l'or que Dieu a fait, ni pour toutes les richesses en ce pays à ne pas lui dire, si j'en ai l'occasion, ce que Charlemagne, le puissant roi, mande par ma bouche à lui son mortel ennemi.» Ganelon portait un manteau de martre couvert de soie d'Alexandrie. Il le jette à terre, et Blancandrin le ramasse. Mais il ne veut pas se défaire de[60] son épée. De sa main droite

---

[57] *hampe*: bois d'un drapeau, d'une flèche, etc.
[58] *fourreau*: étui.
[59] *se rasseoir*: s'asseoir de nouveau.
[60] *se défaire de*: donner.

il la tient par sa poignée[61] d'or. Les païens disent:
15 «C'est un noble baron.» AOI

🌿 **36** 🌿

Ganelon s'est approché du roi et lui dit: «C'est à
tort que vous vous emportez, car Charles qui tient la
France vous demande de recevoir la loi chrétienne.
Alors il vous donnera en fief la moitié de l'Espagne.
5 Roland, son neveu, aura l'autre moitié, orgueilleux
compagnon que vous aurez là! Si vous ne voulez
accepter cet accord,[62] vous serez assiégé dans Saragosse. Vous serez pris et lié de vive force, et l'on
vous conduira tout droit à Aix, la capitale. Là,
10 vous n'aurez ni palefroi,[63] ni coursier,[64] ni mule, ni
mulet pour monter. On vous jettera sur un mauvais
cheval de charge, et vous serez condamné par jugement à perdre la tête. Notre empereur vous envoie
cette lettre.» Ganelon l'a remise dans la main droite
15 du païen.

Ganelon délivre la lettre de Charles.

🌿 **37** 🌿

Marsile est tout pâle de colère, il brise le sceau en jetant
loin la cire et parcourt d'un regard ce que contient la
lettre. «Charles, qui a tout pouvoir sur la France,
m'ordonne de me souvenir de la douleur et de la
5 colère qu'il a éprouvées[65] à cause de Basan et de son

Marsile lit la lettre de Charles. Il exige la capitulation du calife responsable de l'assassinat de ses ambassadeurs, Basan et Basile.

---

[61] *poignée:* partie d'un objet par où on le tient.
[62] *accord:* convention, traité.
[63] *palefroi:* cheval sur lequel on approche le champ de bataille;
cheval de parade.
[64] *coursier:* cheval de bataille, destrier.
[65] *éprouvé:* ressenti.

frère Basile, dont j'ai coupé la tête à tous les deux dans les montagnes dessous Haltilie. Si je veux sauver ma vie, il faut que je lui envoie le calife, mon oncle; si non, point d'amitié.» Alors le fils de Marsile prit la
10 parole et dit au roi: «Ganelon a dit des folies. Après un langage pareil, il n'a plus le droit de vivre. Livrez-le moi, j'en ferai justice.» A ces mots, Ganelon brandit son épée, puis il va s'appuyer contre le tronc[66] du pin.

⚘ 38 ⚘

Ganelon et les Sarrasins ourdissent un plan pour tuer Roland.

Le roi s'en est allé dans le jardin emmenant avec lui ses principaux barons. Blancandrin à la tête blanche s'y trouva ainsi que Jurfaleu, fils et héritier du roi, et le calife, l'oncle et le vassal de Marsile. Blancandrin
5 dit: «Appelez le Français, il m'a engagé sa foi pour notre cause.» Le roi répondit: «Amenez-le donc, vous-meme.» Blancandrin prit Ganelon par les doigts de la main droite, il l'amène dans le jardin devant le roi. C'est là qu'ils règlent les conditions de l'infâme
10 trahison.   AOI

⚘ 39 ⚘

Marsile s'excuse et il offre réparation pour avoir menacé Ganelon.

«Beau sire Ganelon,» lui dit Marsile, «j'ai été un peu trop vif avec vous quand je voulus vous frapper. Prenez pour réparation ces fourrures de martre qui valent en or plus de cinq cents livres. Avant demain
5 soir l'amende pour ma conduite sera belle.» Ganelon répond: «Je ne les refuse point. Que Dieu,[67] s'il lui plaît, vous en récompense.»   AOI

---

[66] *tronc:* partie inférieure d'un arbre.
[67] Ganelon ne voit ni l'ironie ni le blasphème d'invoquer Dieu dans sa trahison.

⚶ **40** ⚶

«Ganelon,» dit Marsile, «tenez pour certain que je
désire vivement devenir votre ami. Je veux vous en‑
tendre parler de Charlemagne. Il est bien vieux et
il a fini son temps. Si je ne me trompe, il a deux cents
5 ans passés. Il s'est brisé en parcourant tant de pays, et
il a reçu tant de coups sur son bouclier, il a réduit à
mendier tant de rois puissants! Quand donc sera‑t‑il
las de faire la guerre?» Ganelon répond: «Ce n'est
pas là Charles. Personne ne peut le voir et le connaître
10 sans dire que l'empereur est un vrai baron. J'aurais
beau vous le louer et le vanter, car il resterait en lui
encore plus de largesse et d'honneur. Sa valeur incom‑
parable, qui pourrait la raconter? Dieu a fait briller
en lui tant de noblesse, qu'il aimerait mieux mourir
15 que d'abandonner ses barons.»

*Ganelon parle à Marsile
de Charles.*

⚶ **41** ⚶

«Mais,» dit le païen, «je suis tout émerveillé de Charle‑
magne qui est si vieux et si blanc; si je ne me trompe,
il a deux cents ans et davantage. Il a eu bien de la
peine en parcourant tant de pays, il a reçu tant de
5 coups de lance et d'épieu,[68] il a réduit à mendier tant
de rois puissants! Quand, donc, sera‑t‑il las de faire
la guerre?» «Jamais,» dit Ganelon, «tant que vivra
son neveu, car il n'y a pas un pareil vassal sous le ciel.
C'est encore un vaillant preux que son compagnon
10 Olivier; les douze pairs, qui sont tant aimés de Charles,
font l'avant‑garde avec vingt mille chevaliers. Bien
tranquille est Charles, qui n'a personne à craindre.»

AOI

Laisse similaire.

---

[68] *épieu:* long bâton garni de fer pour chasser et lutter.

⚔ 42 ⚔

Laisse similaire.

«Je m'émerveille beaucoup,» dit le Sarrasin, «de Charlemagne, qui a les cheveux tout blancs; à mon idée il a plus de deux cents ans. Il est allé en conquérant par tant de pays, il a reçu de coups de lances tranchantes, il a défait et tué sur le champ de bataille tant de rois puissants! Quand, donc, sera‑t‑il las de faire la guerre?» «Certes jamais,» dit Ganelon, «tant que Roland vivra, car il n'y a point de vassal pareil d'ici jusqu'en Orient. C'est encore un vaillant preux que son compagnon Olivier; les douze pairs que Charles aime tant font l'avant‑garde avec vingt mille Français. Aussi Charles est‑il en sûreté et ne craint‑il nul homme vivant.»   AOI

⚔ 43 ⚔

Ganelon promet de faire assigner Roland et Olivier à l'arrière‑garde.

«Beau sire Ganelon,» dit le roi Marsile, «j'ai de tels combattants que vous n'en verrez pas de plus beaux. Je puis avoir quatre cent mille chevaliers. Puis‑je combattre Charles et les Français?» Ganelon répond: «Ne tentez pas le coup cette fois‑ci; vous perdriez une grande partie de vos païens. Laissez la folie, tenez‑vous à la sagesse. Donnez tant d'argent à l'empereur qu'il n'y aura pas un Français qui ne s'en étonne. Pour vingt otages que vous lui enverrez, le roi s'en retournera dans le doux pays de France, laissant son arrière‑garde derrière lui, où se trouvera, si je ne me trompe, son neveu le comte Roland avec le brave et courtois Olivier. Les deux comtes sont morts, si vous voulez m'en croire. Alors Charles verra tomber son grand orgueil et n'aura plus envie de vous faire la guerre.»   AOI

⚜ 44 ⚜

«Beau sire Ganelon,» dit le roi Marsile, «comment
m'y prendrai-je pour tuer Roland?» «Je saurai bien
vous le dire,» répond Ganelon. «Le roi sera dans les
grands défilés de Cize,[69] ayant derrière lui son ar-
5 rière-garde, où se trouvent son neveu, le puissant
Roland, et Olivier, en qui il met tant de confiance. Ils
conduisent avec eux vingt mille Français. Lancez
contre eux cent mille de vos païens qui d'abord leur
livrent une bataille où les Français seront blessés et
10 tués. Je ne dis pas pour cela qu'il n'y ait un grand
massacre des vôtres. Alors, livrez-leur de même une
autre bataille. Roland ne se tirera de l'une et de l'autre.
Ainsi vous aurez accompli un brillant fait d'armes,
et de toute votre vie vous n'aurez plus de guerre.»
15   AOI

Ganelon explique comment on devrait attaquer l'arrière-garde.

⚜ 45 ⚜

«Qui pourrait faire que Roland y fût tué, ferait perdre
à Charles le bras droit de son corps. Adieu, alors,
ses merveilleuses armées; il ne rassemblerait plus
jamais de si grandes forces, et la Terre Majeure[70]
5 restera en repos.» A ces mots, Marsile embrasse Ganelon. Puis il commence à ouvrir ses trésors.   AOI

Ganelon déclare que la mort de Roland apportera la paix à la France.

⚜ 46 ⚜

Marsile dit alors: «Pourquoi tarderai-je plus à parler?
Un conseil n'est profitable que quand on peut compter dessus. Jurez-moi la trahison tout de suite.» Gane-

Ganelon confirme sa trahison par un serment.

---

[69] *Cize:* endroit près de Roncevaux.
[70] *Terre Majeure:* la France.

lon lui répond: «Qu'il soit selon votre plaisir.» Et
5   voilà que, sur les reliques de son épée Murgleis, il
jure la trahison et s'est fait traître.

⚜ 47 ⚜

*Marsile de sa part confirme
le pacte en jurant sur le
Coran.*

Il y avait là un grand trône d'ivoire. Marsile fait apporter devant lui un livre[71] qui renfermait la loi de
Mahomet et de Tervagant.[72] Sur ce livre le Sarrasin
espagnol jure que s'il trouve Roland à l'arrière-garde,
5   il le combattra avec tous ses gens, et s'il le peut, il le
fera mourir. Ganelon répond: «Puisse votre volonté
réussir.»   AOI

⚜ 48 ⚜

*Valdabrun, un vassal de
Marsile, confirme le pacte
avec un cadeau et un baiser.*

Voici venir un païen de nom Valdabrun. Il s'approche du roi Marsile. D'un air gai, il dit à Ganelon en
riant: «Prenez mon épée; personne n'en a de meilleure. Dans le pommeau,[73] il y a pour plus de mille
5   écus d'or. Par amitié, beau sire, je vous la donne pour
que vous nous aidiez contre Roland, le baron, et
que nous puissions le trouver à l'arrière-garde.»
«Ce sera fait,» lui répond Ganelon. Puis ils se baisèrent au visage et au menton.

⚜ 49 ⚜

*Un autre vassal, Climborin,
scelle à son tour le pacte
avec un cadeau et un baiser.*

Il vient ensuite un païen, Climborin. En riant il dit
à Ganelon: «Prenez mon heaume, je n'en ai jamais

---

[71] *livre:* ici, le Coran.

[72] *Tervagant:* idole imaginaire des peuples païens.

[73] *pommeau:* bout de la poignée d'une épée.

vu de meilleur; aidez-nous contre Roland, le marquis,
que d'une manière ou d'une autre nous puissions le
5   couvrir de honte.» «Ce sera fait,» lui répond Ganelon.
Puis ils se baisèrent sur la bouche et à la joue.   AOI

⚘ 50 ⚘

Voici venir alors la reine Bramimonde: «Je vous
aime beaucoup, sire,» dit-elle au comte, «car mon
seigneur et tous ses hommes ont beaucoup d'estime
pour vous. J'enverrai à votre femme ces deux colliers
5   qui sont faits d'or, d'améthystes et de rubis. Ils valent
plus que tous les trésors de Rome. Votre empereur
n'en a jamais eu de si riches.» Ganelon les a pris, il
les met dans sa poche.   AOI

Bramimonde, la reine de Saragosse, envoie des cadeaux à la femme de Ganelon.

⚘ 51 ⚘

Le roi appelle son trésorier Mauduit: «Les présents
pour Charles,» lui dit-il, «sont-ils prêts?» «Oui,
sire, tout est prêt,» répond Mauduit; «sept cents
chameaux chargés d'or et d'argent, et vingt otages des
5   plus nobles qui soient sous le ciel.»   AOI

Des cadeaux sont préparés pour Charles.

⚘ 52 ⚘

Marsile prend Ganelon par l'épaule et lui dit: «Vous
êtes très vaillant et très sage. Mais par cette loi que
vous tenez pour la plus sainte, gardez-vous bien de
changer de sentiment envers nous. Je vous donnerai
5   une bonne portion de mes richesses, six mulets chargés

Ganelon quitte Saragosse.

de l'or le plus fin d'Arabie, et jamais année ne se
passera sans que je vous donne autant. Prenez les
clefs[74] de cette grande cité, présentez au roi Charles
les grands trésors. Puis, faites-moi mettre à l'arrière-
10 garde Roland. Si je peux le trouver dans un passage
ou dans un défilé, je lui livrerai une bataille à mort.»
Ganelon répond : «Il m'est avis[75] que je tarde trop.»
Alors il monte à cheval et se met en route.   AOI

✤ 53 ✤

Ganelon arrive au camp
de Charles.

L'empereur approche de son royaume; déjà il est
arrivé à Galne, la cité que jadis le comte Roland a
forcée et prise, laquelle, depuis ce jour, est demeurée
cent ans déserte. C'est là que le roi attend des nouvel-
5   les de Ganelon et le tribut du grand pays d'Espagne.
A l'aube, comme le jour se lève, le comte Ganelon
arrive au camp.   AOI

✤ 54 ✤

Ganelon délivre le message
de Marsile à Charles, qui
part ensuite pour la France.

L'empereur s'est levé de grand matin et il a entendu
messe et matines. Puis il est allé s'asseoir sur l'herbe
verte devant sa tente où se trouvent Roland et le brave
Olivier, le duc Naimes, et bien d'autres preux. C'est
5   là que Ganelon vient, le traître, le parjure.[76] Il commence avec toute sa ruse et dit au roi : «Salut au nom
de Dieu! Voici les clefs de Saragosse que je vous
apporte, et voilà beaucoup de richesses que je vous fais

---

[74] *clefs :* symbole de suzeraineté, d'autorité royale.

[75] *il m'est avis :* c'est mon avis.

[76] *parjure :* qui est coupable d'un faux serment ou violation de
serment.

amener, et vingt otages ; faites-les bien garder. Le
10 roi Marsile, le vaillant, vous prie de ne pas le blâmer
si le calife y manque ; car j'ai vu de mes yeux quatre
cent mille hommes armés, vêtus de leurs hauberts,
heaumes fermés, ceints de leurs épées à la garde d'or
orné, qu'on conduisait jusqu'à la mer. Ils s'enfuyaient
15 à cause de la foi chrétienne qu'ils ne voulaient ni
recevoir ni garder. Mais avant qu'ils eussent fait
quatre lieues en mer, ils furent assaillis par les vents et
la tempête. Là, ils se sont noyés, jamais vous ne les
verrez. Si le calife était vivant, je vous l'aurais amené.
20 Quant au roi païen, tenez pour assuré, sire, que vous
ne verrez point passer ce premier mois avant qu'il
ne vous suive au royaume de France pour y recevoir
la foi que vous gardez. Il deviendra, mains jointes,
votre vassal ; de vous il tiendra le royaume d'Espagne.»
25 Le roi dit alors : «Que Dieu en soit loué ! Vous avez
bien fait, vous en serez bien récompensé.» On fait
alors sonner mille clairons[77] dans l'armée. Les Francs
lèvent le camp ; ils chargent les bêtes de somme,[78] et
tous s'acheminent[79] vers la douce France.   AOI

☙ 55 ❧

Charlemagne a ravagé l'Espagne, pris les châteaux et
forcé les villes. Maintenant le roi déclare que la guerre
est terminée et il s'en va à cheval vers sa douce France.
Le comte Roland a planté son étendard[80] au haut
5 d'un tertre,[81] droit contre le ciel dressé, et les Francs
se campent par tout le pays. Cependant, de leur côté
les païens s'avancent à travers ces grandes vallées,

*Quatre cent mille Sarrasins
avancent vers les Francs.*

---

[77] *clairon :* trompette.
[78] *bete de somme :* animal qui porte les fardeaux.
[79] *s'acheminer :* se diriger.
[80] *étendard :* enseigne de guerre ; drapeau.
[81] *tertre :* élévation peu considérable de terre.

vêtus de hauberts, heaumes[82] lacés,[83] épées au côté,
écus au cou, et lances toutes prêtes. Ils s'arrêtent enfin
10 dans un bois au sommet des montagnes. Là, quatre
cent mille hommes attendent le point du jour. Dieu!
Quelle douleur que les Français ne le sachent pas!

AOI

⚜ 56 ⚜

*Charles a un rêve de mau-
vaise augure, dans lequel une
lance représente l'arrière-
garde.*

Le jour s'en va et la nuit est noir. Charles s'endort,
le puissant empereur. Il se voit en rêve aux grands
défilés de Cize. Il tient entre les mains sa lance de bois
de frêne.[84] Mais Ganelon, le comte, l'a par force
5 saisie; avec telle rage il la secoue et la brandit, que les
éclats en volent vers le ciel. Mais Charles dort et point
ne se réveille.

⚜ 57 ⚜

*Charles fait un autre rêve.
Un sanglier symbolise Marsile et un léopard représente
le calife éthiopien.*

Après ce songe, il en fait un autre. Il est en France,
à sa chapelle à Aix; un sanglier le mord au bras
droit cruellement; puis du côté des Ardennes, il
voit venir un léopard, qui lui livre aussi un grand
5 assaut. Puis un lévrier descend de l'intérieur du palais,
en sautant et en bondissant jusqu'à Charles. D'abord
le chien tranche l'oreille droite au sanglier, puis
furieux, s'en prend au léopard. Les Français disent:
«Voilà une grande bataille.» Ils ne savent lequel sera
10 le vainqueur. Mais Charles dort et point ne se réveille.

AOI

---

[82] *heaume*: casque d'homme d'armes.
[83] *lacé*: serré avec un cordon de fil ou de cuir.
[84] *frêne*: genre d'arbre forestier dur et résistant.

� 58 ✹

La nuit s'en va et l'aube du jour apparaît. L'empereur s'achemine fièrement. «Seigneurs barons,» dit l'empereur Charles, «voyez ces défilés et ces étroits passages; à qui me conseillez-vous de donner l'arrière-garde?»
5 Ganelon répond: «A mon beau-fils Roland; vous n'avez point de baron de si grande vaillance.» A ce mot, le roi le regarde durement; puis il lui dit: «Vous êtes le diable vivant; il vous est donc entré dans le corps une rage mortelle. Et qui sera devant
10 moi à l'avant-garde?» «Ce sera,» dit Ganelon, «Ogier de Danemark. Vous n'avez point de baron qui puisse s'en acquitter mieux.»   AOI

Ganelon assigne Roland à l'arrière-garde et Ogier à l'avant-garde.

✹ 59 ✹

Le comte Roland, quand il s'entend nommer, commence à parler en vrai chevalier:[85] «Vraiment, je dois bien vous aimer, sire beau-père, pour m'avoir donné l'arrière-garde. Charles, le roi de France, n'y
5 perdra rien, à mon avis—ni palefroi, ni destrier, ni mule, ni mulet sur lequel on monte, ni rossin,[86] ni même la moindre bête de somme avant qu'on ne l'ait disputée à la pointe de l'épée.» Ganelon répond: «Vous dites vrai, je le sais bien.»   AOI

Roland accepte cette nomination avec plaisir.

✹ 60 ✹

Quand Roland entend qu'il sera à l'arrière-garde, il parle plein de colère à son beau-père. «Ah! perfide, méchant homme de mauvaise race, tu croyais, peut-

Dans un monologue Roland maudit Ganelon à cause de sa trahison.

---

[85] *en vrai chevalier:* courageusement.
[86] *rossin:* une rosse; mauvais cheval.

être, que le gant me tomberait par terre comme à toi
5   le bâton devant Charles.»   AOI

❧ 61 ❧

Roland demande l'arc de
Charles comme symbole
d'autorité.

«Droit empereur,» dit le comte Roland, «donnez-
moi l'arc que vous tenez au poing. Je suis bien sûr au
moins qu'on ne me reprochera pas de l'avoir laissé
tomber comme Ganelon l'a fait de sa main droite
5   quand il a reçu le bâton.» L'empereur reste là, la
tête baissée; il saisit sa barbe, il tortille[87] sa moustache,
et ne peut retenir ses larmes.

❧ 62 ❧

Naimes soutient la requête
de Roland. Charles lui
remet l'arc.

A ce moment, Naimes est venu, le meilleur vassal
qui soit à la cour, et dit au roi: «Vous l'avez entendu.
Le comte Roland est dans une grande colère, car
l'arrière-garde lui est adjugée.[88] Vous n'avez aucun
5   baron qui puisse l'en détourner. Donnez-lui l'arc
que vous avez tendu et trouvez-lui des hommes pour
bien lui aider.» Le roi lui donne l'arc et Roland le
reçoit.

❧ 63 ❧

Charles offre à Roland la
moitié de son armée. Roland
est trop fier pour accepter.

L'empereur appelle Roland: «Beau sire neveu,
sachez bien que je vais vous laisser la moitié de mon
armée. Gardez-la, ce sera votre salut.» «J'en ferai

---

[87] *tortiller:* tordre.
[88] *adjugé:* attribué; ici, donné.

rien,» lui dit le comte. «Dieu me confonde si je
5 démens[89] ma race! Je retiendrai vingt mille braves
Français. Quant à vous, passez les défilés en toute
sûreté, car tant que je vivrai vous n'aurez nul homme
à craindre.» AOI

❧ **64** ❧

Le comte Roland monte sur son destrier. A ses
côtés vient se ranger Olivier, son compagnon; puis
viennent Gérin, Gérier le brave comte, Oton et
Bérenger, Artir et le fier Anséis, et le riche duc Gaifer
5 est venu, puis le vieux Girard de Roussillon. «Par
ma tête,» s'écrie l'archevêque Turpin, «j'irai, moi
aussi.» «Et j'irai avec vous,» dit le comte Gautier.
«Je suis le vassal de Roland et je ne dois pas lui manquer.» Et entre eux ils choisissent vingt mille chevaliers.

Roland et les douze pairs
assument le commandement
de l'arrière-garde.

❧ **65** ❧

Le comte Roland appelle Gautier de l'Hum. «Prenez
mille Français de notre pays de France et occupez les
défilés et les sommets afin que l'empereur n'y perde
pas un des siens.» Gautier répond: «Je dois bien
5 faire cela pour vous.» Avec ses mille Français de leur
pays de France, Gautier parcourt les passages et les
hauteurs. Recevrait-il les plus mauvaises nouvelles,
il n'en descendra pas avant que sept cents épées aient
été tirées du fourreau. Le roi Almaris, du royaume de
10 Belferne, lui livra le jour même une rude bataille. AOI

Roland désigne son vassal,
Gautier de l'Hum, à la
garde d'un défilé.

---

[89] *démentir :* agir en sens contraire, nier.

≥ **66** ≤

Hauts sont les monts, les vallées ténébreuses, noirs les rochers, les défilés effrayants. Les Français les traversent ce jour-là dans une sombre tristesse. De quinze lieues on entend le bruit de leurs pas. Mais lorsqu'ils
5 viennent à la Terre Majeure, ils voient la Gascogne, domaine de leur seigneur. Alors il leur souvient de leurs fiefs et de leurs biens, de leurs jeunes filles, et de leurs nobles femmes. Il n'y en a pas un qui ne pleure de compassion. Mais plus que tous les autres, Charles
10 est plein d'angoisse, car il a laissé son neveu aux défilés d'Espagne. Pitié lui en prend, il ne peut s'empêcher de pleurer.   AOI

≥ **67** ≤

Les douze pairs sont restés en Espagne, et en leur compagnie vingt mille Français qui ne craignent rien et ne redoutent point la mort. L'empereur s'en retourne en France et sous son manteau il cache son triste visage.
5 A côté de lui s'avance le duc Naimes qui lui dit: «Qu'est-ce qui vous afflige?» «Qui me le demande me fait tort,» répond Charles. «Ma douleur est si grande que je ne puis m'empêcher de gémir. La France sera détruite par Ganelon. Un ange cette
10 nuit m'est apparu qui me l'a fait voir brisant ma lance entre mes mains. C'est lui qui a fait mettre Roland à l'arrière-garde. Je l'ai laissé dans un pays étranger. Dieu! si je le perds, jamais je ne trouverai son pareil.»
                                                                 AOI

QUESTIONNAIRE

Laisses 1 à 21

1. Quelle a été la durée de la campagne de Charlemagne?
2. Est-il vrai que les Sarrasins aient adoré Apollon?
3. Qui est Blancandrin?
4. Comment Blancandrin prouve-t-il sa loyauté à Marsile?
5. Entre-t-il dans l'intention de Blancandrin que Marsile tienne sa promesse envers Charles?
6. Quel gage de paix les ambassadeurs offrent-ils?
7. Que doit faire Marsile en matière de religion avant que Charles ne conclue la paix?
8. En ce temps-là pourquoi Charles était-il si joyeux?
9. Les habitants de Cordoue ont-ils accepté avec joie leur conversion?
10. Que croit-on que Charles fasse avec tant d'argent?
11. Comment Blancandrin va-t-il dissiper les soupçons de Charles?
12. Comment Charles traite-t-il les ambassadeurs de l'ennemi?
13. Charles agit-il comme un monarque absolu ou comme un monarque au pouvoir limité?
14. Les Francs ont-ils confiance en Marsile?
15. Pourquoi Roland soupçonne-t-il une trahison?
16. Comment Charlemagne exprime-t-il le souci qu'il éprouve?
17. Quels gages de l'autorité royale les ambassadeurs porteront-ils?
18. Pourquoi Olivier pense-t-il que Roland ne devrait pas être chargé de la mission?
19. Pourquoi les Francs approuvent-ils le choix de Ganelon?
20. Avec quel geste dramatique Ganelon exprime-t-il sa colère?
21. Ganelon est-il furieux parce que la mission est dangereuse, ou parce qu'il a été choisi après que la vie des autres ait été jugée trop précieuse pour être exposée aux dangers de l'ambassade?
22. Que fait Roland pour rendre Ganelon si indigné?

Laisses 22 à 46

1. Quelles sont les relations entre Roland et Baudouin?
2. Pourquoi Ganelon défie-t-il Olivier et les douze pairs?

3. Quel incident de mauvaise augure a lieu?
4. Le roi peut-il donner l'absolution?
5. Comment s'appellent le cheval et l'épée de Ganelon?
6. Pourquoi Ganelon refuse-t-il d'être accompagné par ses parents?
7. Est-ce que le Charles historique a vraiment conquis l'Angleterre?
8. Selon Ganelon, qui porte le blâme du caractère agressif de Charles?
9. Pourquoi les Francs aiment-ils tant Roland?
10. Marsile est-il vraiment le maître de toute l'Espagne?
11. Pourquoi Ganelon provoque-t-il Marsile?
13. Par quel geste Ganelon prouve-t-il qu'il n'est pas un couard?
13. Quand Ganelon rejette son manteau, ôte-t-il son épée?
14. Est-ce que Charles a vraiment dit que la moitié de l'Espagne appartiendra à Roland?
15. Qui veut tuer Ganelon?
16. Comment s'appelle le fils de Marsile?
17. Quel cadeau Marsile offre-t-il en guise de compensation?
18. Le Charles de la campagne historique avait trente-six ans. Quel âge a-t-il dans la chanson?
19. Est-ce que Ganelon parle en bien ou en mal de Charles?
20. Selon Ganelon, quand Charles sera-t-il las de se battre?
21. Selon Ganelon, quel est le meilleur moyen d'affaiblir Charles?
22. Puisque Charles a conquis toute l'Espagne sauf Saragosse, est-il imaginable que Marsile ait encore 400,000 hommes sous ses ordres? De telles inconsistences sont-elles importantes dans une œuvre d'art?
23. Quel sera le rapport entre les forces des Sarrasins et des Francs au cours du premier engagement?
24. Qui est «la main droite» de Charles?
25. Sur quoi Ganelon a-t-il juré?

Laisses 47 à 67

1. Quel est le livre sacré des Musulmans?
2. Les Musulmans croient-ils en un dieu qui s'appelle Tervagant?
3. Une épée qui contient mille pièces d'or dans la poignée peut-elle être très efficace?
4. Par quel geste Ganelon et les Sarrasins scellent-ils leur pacte?
5. De nos jours considérions-nous de bon goût de louer les cadeaux que nous offrons?
6. Quelle ville Roland a-t-il détruite? Combien de temps est-elle restée inhabitée?
7. Quelle excuse Ganelon donne-t-il pour ne pas avoir amené le calife?
8. Combien de Sarrasins approchent l'arrière-garde?
9. Qui est symbolisé par la lance dans le rêve de Charlemagne?
10. Qui est le lévrier? Qui est le calife éthiopien représenté par le léopard? (Cf. Jérémie 13 : 23.)

11. Est-ce que Ganelon parodie les mots de Roland? (Cf. laisses 58 et 20.)
12. A qui Roland s'adresse-t-il vraiment dans la laisse 59?
13. Ganelon a-t-il fait tomber un bâton ou un gant?
14. Quelle est l'attitude favorite de Charles quand il est pensif ou triste?
15. Pourquoi Roland refuse-t-il des renforts supplémentaires?
16. Pourquoi Gautier doit-il se joindre à Roland?
17. Quel but est servi par la description du paysage?
18. Comment Charles exprime-t-il sa grande douleur?

II La Bataille de Roncevaux

Succès des Français

🌿 **68** 🌿

Marsile réunit toutes ses forces armées pour attaquer Roland.

Charlemagne ne peut retenir ses larmes. Cent mille Français s'attendrissent avec lui et tremblent pour le sort de Roland. Ganelon, le félon, en a fait trahison. Il a reçu du roi païen de riches présents, de l'or et de l'argent, des draps de soie, et de beaux tissus, des mulets et des chevaux, des chameaux et des lions. Marsile fait l'appel de tous les barons d'Espagne, comtes, vicomtes, ducs, almaçurs,[1] avec les émirs[2] et les fils de ses nobles. En trois jours il en réunit quatre cent mille. Il fait sonner les tambours à Saragosse. Sur la plus haute tour, on élève l'image de Mahomet. Il n'est païen qui ne le prie et ne l'adore. Puis ils s'acheminent à qui mieux mieux[3] à travers la Cerdagne par monts et par vaux.[4] Enfin ils voient les bannières de ceux de France, l'arrièregarde des douze compagnons. Impossible qu'il n'y ait belle bataille.

---

[1] *almaçur :* gouverneur sarrasin.
[2] *émir :* titre des descendants de Mahomet, grand officier sarrasin.
[3] *à qui mieux mieux :* avec une rivalité amicale entre eux.
[4] *par monts et par vaux :* de tous côtés.

48

69

Le neveu de Marsile s'avance au premier rang sur un mulet qu'il touche d'un bâton, et dit à son oncle d'un air joyeux et riant: «Beau sire roi, je vous ai tant servi; j'en ai eu tant de peines et de tourments,
5 livré tant de batailles et remporté tant de victoires; accordez-moi une récompense—l'honneur du premier coup contre Roland. Aussi le tuerai-je de ma lance tranchante, si Mahomet veut bien me protéger. Je délivrerai toutes les provinces d'Espagne, depuis
10 les Ports d'Espagne jusqu'à Durestant. Charles se lassera et les Français, découragés, se rendront. Vous n'aurez plus de guerre de toute votre vie.» Le roi Marsile alors lui tend le gant.   AOI

Le neveu de Marsile, Aelroth, demande l'honneur du premier coup contre Roland.

70

Le neveu de Marsile tient le gant dans son poing et s'adresse à son oncle d'un ton très fier: «Beau sire roi, vous m'avez fait un grand don. Choisissez-moi douze de vos barons et j'irai combattre les douze
5 pairs de France.» Falsaron, le frère du roi Marsile, répond tout le premier: «Beau sire neveu, vous et moi, nous irons et nous livrerons certainement cette bataille à l'arrière-garde de la grande armée de Charles. C'est jugé que nous les tuerons.»   AOI

Aelroth demande à douze pairs sarrasins de combattre les douze pairs chrétiens. Il est rejoint par son oncle, Falsaron.

71

Le roi Corsablis vient d'autre part. Il est de Barbarie et connaît les arts maléfiques.[5] Il parle, pourtant, com-

Corsablis et Malprimis rejoignent Aelroth.

---

[5] *maléfique:* qui a une influence surnaturelle et maligne.

me le doit tout bon vassal, car pour tout l'or du monde,
il ne voudrait se montrer couard.[6] Mais voici accourir
5 Malprimis de Brigal, plus vite à pied que ne fait un
cheval, et devant Marsile il s'écrie à haute voix : «J'irai
en personne à Roncevaux ; si je trouve Roland, je
ne le quitterai que quand je l'aurai tué.»

🌿 72 🌿

L'émir de Balaguer se   Voilà un émir de Balaguer, bien fait de corps, fier
vante.   et beau de visage. Monté sur son cheval, il est tout
glorieux de porter ses armes. Il est fameux par sa bravoure ;[7] s'il était chrétien, ce serait un vrai baron. Il
5 s'écrie devant Marsile : «A Roncevaux, je veux y
aller aussi. Si je trouve Roland, ce sera fait de lui,
ainsi que d'Olivier, et des douze pairs. Les Français
périront dans le deuil et dans la honte. Charlemagne
n'est qu'un vieux qui radote ;[8] il sera fatigué de nous
10 faire la guerre, et l'Espagne nous restera en repos.»
Le roi Marsile l'en remercie beaucoup.   AOI

🌿 73 🌿

Un almaçur (fonction-   Il y a un almaçur de Moriane, le plus félon du pays
naire important) de Moriane   d'Espagne. Devant Marsile il vient faire le fanfaron :[9]
se vante.   «Je conduirai ma compagnie à Roncevaux, vingt
mille hommes armés d'écus et de lances. Si je trouve
5 Roland, je le garantis mort. Charles ne passera plus
un jour sans le pleurer.»   AOI

---

[6] *couard :* lâche.
[7] *bravoure :* courage.
[8] *radoter :* tenir des discours dénués de sens.
[9] *fanfaron :* qui se vante.

❧ 74 ❧

D'autre part vient Turgis de Tortelose; c'est un comte, et cette ville est sienne. Il veut faire un mauvais parti[10] aux chrétiens. Devant Marsile il s'aligne[11] avec les autres et dit au roi: «Ne vous effrayez point. Mahomet
5 vaut plus de saint Pierre de Rome. Si vous le servez, l'honneur du champ sera pour nous. J'irai joindre Roland à Roncevaux. Personne ne pourra le sauver de la mort. Voyez mon épée qui est bonne et longue; je la mesurerai contre Durendal.[12] Vous entendrez
10 dire bientôt qui l'emportera. Si les Français luttent contre nous, ils y mourront. Charles le vieux en aura deuil et honte, et plus jamais ne portera couronne.»

Turgis de Tortelose se vante.

❧ 75 ❧

On voit venir ensuite Escrimis de Valtierre; il est Sarrasin et seigneur de sa terre. Devant Marsile il s'écrie au milieu de la foule: «A Roncevaux j'irai abattre leur orgueil. Si je trouve Roland, il n'emportera
5 pas sa tête, non plus qu'Olivier qui commande aux autres. Les douze pairs sont tous jugés à mort; les Français mourront et la France en sera déserte. Charles sera dépourvu de ses bons vassaux.»   AOI

Escrimis de Valtierre se vante.

❧ 76 ❧

Là se trouvait le païen Estorgant, qui est avec son compagnon Estramaris, tous deux félons, traîtres et

Estorgant et Estramaris se vantent.

---

10 *faire un mauvais parti:* jouer un mauvais tour.
11 *s'aligner:* se ranger sur une même ligne.
12 *Durendal:* l'épée de Roland.

perfides. Marsile leur dit : «Seigneurs, approchez-
vous. Vous irez aux défilés de Roncevaux et vous
5 m'aiderez à conduire mes troupes.» «Sire,» répondent-
ils, «à vos ordres. Nous attaquerons Olivier et Roland.
Rien ne sauvera de la mort les douze pairs, car nos
épées sont bonnes et tranchantes. Nous les ferons
vermeilles[13] de sang chaud. Les Français mourront,
10 Charles sera dans le deuil. Nous vous ferons don de
la Terre Majeure. Venez-y, roi, en verité, vous verrez
beau spectacle, et nous mettrons l'empereur à votre
merci.»

🌿 77 🌿

Margaris de Séville se
vante.

Voici venir en courant Margaris de Séville, qui possède le pays jusqu'à la mer. Les dames lui sont amies
à cause de sa beauté, car il n'en est point qui ne s'épa-
nouisse dès qu'il se montre à sa vue ; qu'elle le veuille
5 ou non, elle ne peut s'empêcher de sourire. Nul
païen n'est si bon chevalier. Il s'avance au milieu
de la foule, s'écriant plus fort que les autres, et il dit
au roi : «Ne vous effrayez pas ! J'irai à Roncevaux
tuer Roland. Olivier, non plus, ne gardera la vie.
10 Les douze pairs sont voués au martyre. Voyez mon
épée dont la garde est en or ; je l'ai reçue de l'émir de
Primes. Je vous engage ma parole qu'elle sera plongée
dans le sang vermeil. Les Français périront et la France
en sera humiliée. Le vieux Charles, à la barbe fleurie,
15 ne passera plus un jour sans chagrin et sans colère.
D'ici à une année, nous aurons pris la France, et
nous pourrons coucher au bourg de Saint-Denis.»[14]
Le roi païen lui fait un profond salut.   AOI

---

[13] *vermeil :* rouge foncé.
[14] *bourg de Saint-Denis :* Paris.

💥 78 💥

Voici encore Chernuble de Valnoir. Ses longs cheveux balayent la terre. Quand il se récrée,[15] par manière
de jeu, il porte un fardeau plus lourd que celui de
sept mulets chargés. Ce pays, où il vit, effraie les
5   hommes, car le soleil ne luit pas, le blé ne peut y
croître, la pluie n'y tombe pas, nulle part la rosée, point
de pierre qui ne soit toute noire. Quelques-uns affir-
ment que les diables y demeurent. Chernuble dit :
«J'ai ceint ma bonne épéc, à Roncevaux je la tiendrai
10 vermeille ; si je trouve le preux Roland sur mon
chemin et que je manque à l'attaquer, eh bien, qu'on
ne me croie plus jamais. Aussi conquerai-je sa Durendal avec la mienne. Les Français périront, et la France
en sera déserte.» A ces mots les douze pairs s'assem-
15 blent ; ils emmènent avec eux cent mille Sarrasins qui
se précipitent avec ardeur à la bataille. Ils vont s'armer
sous un bois de sapins.

*Chernuble de Valnoir se
vante. Les douze pairs
païens partent avec cent
mille soldats.*

💥 79 💥

Les païens s'arment de leurs hauberts sarrasins, la
plupart à triple maille ;[16] ils lacent leurs bons heaumes
de Saragosse ; ils ceignent leurs épées d'acier viennois.[17]
Leurs écus sont beaux, leurs lances sont de Valence,
5   leurs bannières sont blanches et bleues et vermeilles.
Ils laissent là leurs mulets et leurs bêtes de somme et

*Les Sarrasins se préparent
à la bataille. Leur approche
fait plaisir à Roland.*

---

[15] *se récréer :* se divertir.
[16] *maille :* tissu de métal («chain mail»).
[17] *acier viennois :* un métal très dur, qui (dans ce cas) vient de
Vienne en Dauphiné.

montent sur leurs destriers, et s'acheminent serrés l'un contre l'autre. Le jour est clair, le soleil resplendit.[18] Il n'est pas d'armure qui toute entière ne flamboie et
10 resplendisse, et pour que ce soit encore plus beau, mille trompettes résonnent. Le bruit en est tel que les Français l'entendent. Olivier dit: «Sire compagnon, nous pourrons bien, je crois, avoir bataille avec les Sarrasins.» «Dieu nous la donne!» répond Roland.
15 «Nous devons rester fermes ici pour notre roi. Pour son seigneur on doit souffrir toutes les peines, endurer les grandes chaleurs et les grands froids, et perdre, au besoin, et du poil et de la peau. Que chacun veille à frapper de grands coups, pour qu'on ne chante pas
20 sur nous de mauvaise chanson. Les païens ont tort, les chrétiens sont dans leur droit. Ce n'est pas de moi que viendra jamais le mauvais exemple.»   AOI

❧ 80 ❧

Olivier voit que les Sarrasins s'approchent.

Olivier est monté sur un haut pic[19] d'où il regarde à droite vers une vallée verdoyante[20] et voit venir la masse des païens. Il appelle Roland, son compagnon: «Je vois venir du côté de l'Espagne un tel éclat d'armures, tant de hauberts qui brillent, tant de casques
5 flamboyants! Ces païens vont faire grand mal aux Français. Ganelon le savait, le félon, le perfide, qui devant l'empereur nous a désignés à l'arrière-garde.» «Tais-toi, Olivier,» répond le comte Roland, «c'est
10 mon beau-père, je ne veux pas que tu dises un mot contre lui.»

---

[18] *resplendir*: briller avec grand éclat.
[19] *pic*: sommet d'une montagne.
[20] *verdoyant*: qui verdoie; *verdoyer*: devenir de couleur verte.

❧ 81 ❧

Olivier est monté sur un rocher. De là il voit bien le royaume d'Espagne et les Sarrasins qui sont en si grand nombre. Il voit briller ces heaumes ornés d'or et de pierres précieuses, les écus, les hauberts ciselés,[21]
5 les lances avec les petits drapeaux dressés. Il ne peut même compter les bataillons. Tant il y en a qu'il n'en peut apprécier le nombre, et il en est tout troublé. Il descend le plus vite qu'il peut, il vient aux Français et leur raconte tout.

Olivier prévient les Français.

❧ 82 ❧

«J'ai vu les païens,» dit Olivier, «jamais homme sur terre n'en vit davantage. Il y en a bien cent mille devant nous avec leurs écus, leurs heaumes lacés, hauberts touts blancs, leurs lances droites, leurs
5 épieux bruns au fer reluisant.[22] Vous aurez une bataille comme il n'en fut jamais. Seigneurs Français, Dieu vous donne courage! Tenez ferme que nous ne soyons pas vaincus.» Les Français s'écrient: «Honni soit qui s'enfuit! Pour mourir il ne vous manquera
10 pas un seul.»   AOI

Les Français décident de résister.

❧ 83 ❧

«Les païens ont des forces immenses,» dit Olivier, «et il me semble qu'il y a bien peu de nos Français.

Olivier demande à Roland de sonner son cor pour appeler à l'aide.

---

[21] *ciselé:* sculpté.
[22] *reluire:* briller.

Compagnon Roland, sonnez votre cor. Charles l'entendra, il ramènera son armée.» Roland répond: «Ce
5   serait folie; je perdrais mon honneur en douce France.
Je vais frapper de grands coups de Durendal; la lame
en sera sanglante jusqu'à la garde d'or. Pour leur
malheur, ces maudits païens sont venus aux défilés.
Je vous le garantis, ils sont tous condamnés à mort.»
10   AOI

🌿 84 🌿

Laisse similaire.

«Compagnon Roland, sonnez l'olifant.[23] Charles
l'entendra, il ramènera son armée. Le roi viendra
nous secourir avec ses barons.» «Ne plaise à Dieu,»
répond Roland, «que pour moi mes parents soient
5   blâmés et que la douce France tombe en mépris.
Avant cela je frapperai bien des coups de Durendal,
ma bonne épée que j'ai ceinte à mon côté; vous en
verrez la lame toute sanglante. Ces félons païens se
sont rassemblés ici pour leur perte. Je vous le garantis,
10 tous sont condamnés à mort.»   AOI

🌿 85 🌿

Laisse similaire.

«Compagnon Roland, sonnez de votre olifant.
Charles qui passe aux défilés l'entendra, et les Français
reviendront, je vous le garantis.» «A Dieu ne plaise,»
répond Roland, «que nul homme vivant puisse dire
5   que j'ai sonné mon cor pour ces païens. Mes parents
jamais n'auront à subir ce reproche. Mais quand je
serai dans la grande bataille, je frapperai de Durendal

---

[23] *olifant:* cor d'ivoire des chevaliers et particulièrement le cor de
Roland.

et mille coups et sept cents; vous en verrez l'acier tout
sanglant. Les Français sont braves et frapperont
10 vaillamment, et rien ne sauvera les païens de la mort.»

﴾ 86 ﴿

Olivier dit: «Je ne vois aucun déshonneur à faire   *Roland refuse encore une*
ce que je vous dis. J'ai vu les Sarrasins d'Espagne;   *fois.*
les vallées, les montagnes, les collines et les plaines
en sont toutes couvertes. Cette race étrangère a massé
5 une armée immense, et nous n'avons qu'une bien
petite troupe.» «Mon ardeur en est d'autant plus gran⁄
de,» répond Roland. «Ne plaise à Dieu ni à ses très
saints anges que par moi la France perde sa gloire!
J'aime mieux mourir que tomber dans la honte.
10 Plus nous frappons, plus l'empereur nous aime.»

﴾ 87 ﴿

Roland est brave et Olivier est prudent; ils sont tous   *Olivier reproche à Roland*
deux vaillants à merveille. Dés qu'ils sont à cheval et   *son entêtement.*
sous les armes, ils n'éviteront la bataille pour échapper
à la mort. Les deux comtes sont braves et leurs paroles
5 sont fières. Les perfides païens s'avancent pleins de
fureur. «Vous en voyez déjà quelque chose,» dit
Olivier. «Les voilà tout près de nous, et Charles est
maintenant bien loin. Vous n'avez pas daigné sonner
votre cor. Si le roi était ici, nous n'aurions pas dom⁄
10 mage. Regardez là⁄haut vers les Ports d'Espagne,
vous verrez l'arrière⁄garde destinée à un triste sort.
Ceux qui se trouveront dans cette affaire d'aujourd'hui,
ne seront jamais plus dans une autre.» Roland répond:
«Ne parlez pas si follement. Malheur au cœur qui
15 faiblit! Nous resterons fermes à notre poste ici; à nous
de battre et de combattre.»   AOI

⚜ 88 ⚜

Quand Roland voit qu'il y aura bataille, il devient plus féroce que lion ou léopard. Il s'adresse aux Français et il appelle Olivier: «Compagnon, ami, ne parlez pas de la sorte. L'empereur, qui nous a laissé
5 ses Français, en a mis à part vingt mille que voici, parmi lesquels il ne connaît pas un couard. On doit pour son seigneur souffrir de grandes peines, endurer les grands froids et les chaleurs extrêmes, perdre et son sang et sa chair. Frappe de ta lance, et moi de Duren‚
10 dal, ma bonne épée que l'empereur m'a donnée. Si je meurs, celui qui l'aura pourra dire: 'Cette épée fut celle d'un noble guerrier.'»

⚜ 89 ⚜

Plus loin est l'archevêque Turpin; il pique[24] son cheval, monte sur une éminence, appelle autour de lui les Français, et voici le sermon qu'il leur adresse: «Seigneurs barons, Charles nous a laissés ici. Notre
5 devoir est de mourir pour lui et de soutenir l'honneur du nom chrétien. Vous aurez bataille, n'en doutez pas, car voici les Sarrasins sous vos yeux. Confessez‚ vous, demandez à Dieu merci et je vous absoudrai pour le salut de vos âmes. Si vous mourez, vous serez
10 au nombre des saints martyrs et vous aurez vos places au plus haut de paradis.» Les Français descendent de cheval et se prosternent; l'archevêque les bénit au nom de Dieu et, pour pénitence, il leur commande de bien frapper.

---

[24] *piquer:* exciter, stimuler (des éperons).

⚶ 90 ⚶

Les Français se relèvent et se remettent sur pied. Les
voilà bien absous et quittes de leurs péchés. L'archevêque a fait sur eux le signe de la croix. Puis ils sont
montés sur leurs destriers rapides. Ils sont armés en
5 chevalier et tous sont préparés pour la bataille. Le
comte Roland appelle Olivier: «Sire compagnon,
vous le disiez fort bien que Ganelon nous a tous
trahis: il en a reçu de l'or, des biens et de l'argent.
L'empereur devrait bien nous venger. Le roi Marsile
10 a fait marché de nous, mais c'est avec nos épées que
nous lui réglerons son compte.»   AOI

Roland est d'accord avec Olivier que Ganelon les a trahis.

⚶ 91 ⚶

Voici Roland aux Ports d'Espagne, monté sur son
bon coursier Veillantif. Il porte ses armes avec beaucoup de grâce, et il s'avance, le baron, en jouant avec
sa lance dont le point se dresse vers le ciel. Au bout
5 de la lance est fixée une bannière toute blanche,
dont les franges[25] lui battent jusqu'aux mains. Il a
le corps gracieux, le visage clair et riant. Son compagnon le suit de près et puis les Français qui appellent leur protecteur. Du côté des Sarrasins Roland
10 regarde avec férocité, mais sur les Français il tourne
un œil doux et modeste; il leur dit avec courtoisie:
«Seigneurs barons, allez d'un pas tranquille. Ces
païens cherchent leur perte. Nous aurons aujourd'hui
bel et bon butin; jamais roi de France n'en eut d'aussi
15 riche.» A ces mots, les deux armées se rencontrent.
                                                       AOI

Roland encourage les Fran-
çais.

---

[25] *frange:* morceau de tissu d'où pendent des filets, utilisé pour
orner les meubles, les vêtements, etc.

✕ 92 ✕

Olivier fait des reproches
à Roland et encourage les
Français.

«Je ne veux plus rien dire,» dit Olivier; «vous n'avez pas daigné sonner votre cor, et vous n'avez pas l'appui de l'empereur. Ce n'est pas sa faute, le brave, il ne sait mot de notre détresse; et ceux qui sont là-bas ne
5 sont point à blâmer. Avancez donc, seigneurs barons, du mieux que vous pourrez et ne reculez point! Au nom de Dieu, je vous en prie, soyez bien décidés à frapper, à recevoir et à donner de bons coups. N'oublions pas le cri de ralliement de Charles.» A ces mots,
10 les Français poussent leur cri de guerre: «Monjoie!» Qui les eût entendus lancer ce cri se souviendrait toujours de leur courage. Puis, ils s'avancent, Dieu! avec quelle fierté! Ils piquent leurs coursiers pour aller plus vite; ils vont attaquer—qu'ont-ils de mieux à
15 faire? Mais les Sarrasins n'ont point peur. Français et Sarrasins, les voilà aux prises.[26]

✕ 93 ✕

Aelroth se vante, attaque
et est vaincu par Roland,
qui injurie le mort.

Le neveu de Marsile, qui s'appelle Aelroth, s'avance tout le premier en avant des troupes, insultant nos Français de mauvais propos: «Félons Français, aujourd'hui vous allez lutter contre nous. Celui qui devait vous
5 défendre vous a trahis. Il est fou, votre roi, qui vous a laissés dans ces défilés. La douce France perdra aujourd'hui sa renommée, et Charlemagne le bras droit de son corps.» Quand Roland l'entend, Dieu! quelle grande colère il en a! Il pique son cheval et le
10 lance bride abattue.[27] Le comte va frapper le païen

---

[26] *prise*: lutte; *aux prises*: engagé, luttant.
[27] *bride abattue*: à grand galop.

aussi fort qu'il peut. Il lui fracasse[28] l'écu et lui ouvre
le haubert, lui fend la poitrine et lui brise les os; il
lui sépare toute l'échine[29] du dos, et avec sa lance il
lui fait rendre l'âme du corps. Il le frappe si bien qu'il
15 fait chanceler le corps et à pleine lance il l'abat mort
de son cheval. Il lui a brisé le cou en deux moitiés.
Roland, cependant, ne laisse pas de[30] parler ainsi au
mort: «Va donc, maraud![31] Charles n'est point fou,
et n'a jamais aimé la trahison. En nous laissant aux
20 défilés, il a agi en brave; et la douce France ne perdra
pas aujourd'hui sa gloire. Frapper, Français! à nous
le premier coup. A nous le droit, à ces mécréants[32]
le tort.»   AOI

⚜ 94 ⚜

Il y a là un duc du nom de Falsaron—il est le frère
du roi Marsile et seigneur de la terre de Dathan et
d'Albiron. Il n'y a pas sous le ciel de félon plus scélérat.
Entre les yeux il a le front énorme et l'on pourrait
5 bien y mesurer un bon demi pied. Quand il voit son
neveu mort, il est tout saisi de douleur. Il sort de la
foule, se met devant les rangs, poussant le cri de guerre
des païens et provoquant les Français: «Aujourd'hui
la douce France perdra son honneur.» A ces mots
10 Olivier est pris de fureur. Il pique son cheval de ses
éperons d'or et il frappe le Sarrasin d'un vrai coup de
baron, lui brise l'écu, fracasse le haubert, lui plonge
dans le corps les pans[33] de sa bannière, et à pleine lance
le désarçonne[34] et l'abat mort. Puis il regarde à terre

*Falsaron se vante, attaque,
et est vaincu par Olivier,
qui injurie le mort.*

---

[28] *fracasser*: briser, mettre en pièces.
[29] *échine*: colonne vertébrale.
[30] *ne pas laisser de*: ne pas manquer de.
[31] *maraud*: drôle.
[32] *mécréant*: qui n'a pas la vraie foi.
[33] *pan*: morceau d'étoffe.
[34] *désarçonner*: démonter, déconcerter.

15 où il voit le misérable étendu et lui adresse ces fières
paroles : «De vos menaces, drôle, je n'ai souci. Frappez,
Français, et à nous la victoire.» «Monjoie !» s'écrie-t-
il ; c'est le cri de Charles.   AOI

🌿 **95** 🌿

Turpin tue Corsablis.

Voici un roi qui s'appelle Corsablis. Il est de Barbarie, un pays lointain. Il fait appel aux autres Sarrasins : «Nous pouvons bien soutenir cette bataille,
car les Français sont en assez petit nombre. Ceux qui
5 sont là, nous devons les dédaigner, car nul d'entre
eux ne sera secouru par Charles. Voici le jour qu'il
leur faudra mourir.» L'archevêque Turpin l'a bien
entendu. Il n'est pas d'homme sous le ciel qu'il haïsse
autant que ce païen. Il pique son cheval de ses éperons
10 d'or fin et va droit frapper sur Corsablis un coup
terrible. Il lui met en pièces son écu, rompt le haubert,
lui plante sa lance au milieu du corps. Le coup est
si rude qu'il le fait chanceler ; à pleine lance il l'abat
mort sur le chemin. Turpin regarde alors à terre où il
15 voit le misérable étendu et ne manque pas de lui dire
ces paroles : «Lâche païen, vous en avez menti.
Charles, mon sire, est toujours notre appui, et nos
Français n'ont pas le cœur à fuir. Nous forcerons tous
vos compagnons à s'arrêter. Je vous dis une nouvelle,
20 il vous faut endurer la mort, et quant à vous, une
nouvelle mort dans l'autre monde vous attend. Frappez, Français, et que nul de vous ne s'oublie ! Ce
premier coup est nôtre, Dieu merci.» «Monjoie !»
s'écrie-t-il, pour rester maître du champ de bataille.

🌿 **96** 🌿

Gérin tue Malprimis.

Gérin frappe Malprimis de Brigal dont le bon écu
ne lui vaut pas un denier ; car Gérin en rompt la

boucle de cristal et la moitié en tombe à terre. Il lui
rompt le haubert et pénètre jusqu'à la chair et lui
5 enfonce dans le corps sa bonne lance. Le païen tombe
tout d'une pièce et Satan emporte son âme.   AOI

⚘ 97 ⚘

Et Gérier, le compagnon de Gérin, frappe l'émir,
lui brise l'écu et lui démaille[35] le haubert; il lui pousse
au cœur sa bonne lance, frappant si bien qu'il lui
traverse le corps, et à pleine lance il l'abat mort par
5 terre. «Oh! la belle bataille!» s'écrie Olivier.

*Gérier tue l'émir de Bala-
guer.*

⚘ 98 ⚘

Le duc Samson va frapper l'almaçur, lui brise son
écu orné d'or et de fleurs. Le bon haubert ne garantit
guère le païen, car le duc lui fend le cœur, le foie et le
poumon, et l'abat mort, qu'on en pleure ou qu'on
5 en rie. «C'est,» lui dit l'archevêque, «le coup d'un
baron.»

*Samson tue l'almaçur de
Moriane.*

⚘ 99 ⚘

Anséis lâche la bride à son cheval et va frapper Turgis
de Tortelose. Il lui brise l'écu au-dessous de la boucle
dorée, lui rompt les doubles mailles de son haubert,
lui enfonce dans le corps le fer de sa bonne lance, le
5 perçant si bien que l'acier ressort par le dos. A pleine
lance il le renverse mort au champ. «Voilà le coup
d'un brave,» s'écrie Roland.

*Anséis tue Turgis de Tor-
telose.*

[35] *démailler:* défaire les mailles.

≱ 100 ≰

Engelier tue Escrimis de
Valterne.

Puis, Engelier, le Gascon de Bordeaux, pique son cheval, lui lâche la rêne,[36] et va frapper Escrimis de Valterne. Il lui brise l'écu qu'il porte au cou et le met en pièces, lui rompt les mailles supérieures de son
5 haubert, le frappe juste au sein entre les deux épaules et à pleine lance le renverse mort de la selle. Puis il lui dit: «Vous voilà donc en perdition! Maintenant vous êtes perdu!»   AOI

≱ 101 ≰

Oton tue Estorgant.

Et Oton frappe le païen Estorgant sur le cuir peint qui recouvre l'écu tout au devant, dont il fait sauter les couleurs, blanc et vermeil, déchire les pans de son haubert, lui plante au corps sa bonne lance pointue et
5 le renverse mort de son coursier. Il lui dit alors: «On ne vous en sauvera pas.»

≱ 102 ≰

Bérenger tue Estramaris.

Et Bérenger frappe Estramaris. Il lui brise l'écu, lui fracasse le haubert, lui pousse au ventre sa bonne lance, et l'abat mort entre mille Sarrasins. Des douze pairs païens, en voilà dix de tués. Il n'en reste que deux
5 vivants, Chernuble et le comte Margaris.

---

[36] *rêne:* bride.

⚜ 103 ⚜

Margaris est un bien vaillant chevalier, beau, fort,
adroit et léger. Il éperonne[37] son cheval et court droit
sur Olivier dont il brise l'écu au-dessous de la boucle
d'or fin, et lui porte un coup de lance le long du flanc.
5 Mais Dieu protège Olivier, son corps n'est point
touché. La lance du païen l'effleure, mais sans lui
faire mal. Margaris passe donc outre, car il n'y a plus
d'obstacle, et sonne son cor pour rallier les siens.

Margaris attaque Olivier.

⚜ 104 ⚜

Partout la bataille est merveilleuse. Le comte Roland
ne veut point se ménager[38] et frappe de sa lance tant que
le bois lui dure; mais au quinzième coup, il l'a brisée et détruite. Alors il met à nu Durendal, sa bonne
5 épée, pique son cheval, se jette sur Chernuble; il
brise son heaume où luisent des escarboucles,[39] lui
coupe en deux et coiffe[40] et chevelure,[41] lui tranche
à la fois et les yeux et la figure, le haubert blanc aux
fines mailles, tout le corps jusqu'à l'enfourchure.[42]
10 A travers la selle qui est incrustée d'or l'épée atteint
le cheval dont elle fend l'échine sans chercher le joint
et abat morts, sur l'herbe drue,[43] et le cheval et le che-

*Après avoir cassé sa lance,
Roland tue Chernuble de
son épée Durendal.*

---

[37] *éperonner*: piquer avec l'éperon.
[38] *se ménager*: prendre soin de sa santé.
[39] *escarboucle*: pierre précieuse.
[40] *coiffe*: vêtement de tête porté sous le heaume pour protéger la tête.
[41] *chevelure*: l'ensemble des cheveux.
[42] *enfourchure*: entre-deux des jambes.
[43] *dru*: épais, vigoureux.

valier. «Misérable,» lui dit-il ensuite, «tu fus mal inspiré de venir ici ; ton Mahomet ne te sauvera pas ;
15 ce n'est pas un pareil glouton[44] qui gagnera la bataille.»

⚜ 105 ⚜

Roland, Olivier et les autres Francs tuent un grand nombre d'infidèles.

Le comte Roland s'avance à travers le champ de bataille ; à la main Durendal, qui bien tranche et bien taille, et qui avait fait des Sarrasins grand carnage. Ah, si vous l'aviez vu entasser les morts l'un sur l'autre et le
5 sang tout clair se répandre sur la place. Tout son haubert, ses bras en sont sanglants, ainsi que le cou et les épaules de son bon cheval. Quant à Olivier, il ne se met en retard de frapper ; on n'a rien à reprocher non plus aux douze pairs. Les Français frappent à droite
10 et à gauche. Les païens meurent et quelques-uns s'évanouissent. «Vivent nos barons!» dit l'archevêque. Alors il crie «Monjoie!» ; c'est le cri de Charles.
                                                          AOI

⚜ 106 ⚜

N'ayant pas le temps de tirer son épée, Olivier tue Malon, Turgis et Estorgus avec le tronçon de sa lance.

Olivier s'élance à travers la mêlée, n'ayant au poing qu'un tronçon[45] de sa lance dont le bois est brisé, et il attaque le païen Malon, lui brise son écu orné d'or et de fleurs, lui fait jaillir les deux yeux de la
5 tête, et la cervelle du païen lui tombe sous les pieds. Bref, il le renverse mort avec sept cents de sa race.
     Puis il tue Turgis et Estorgus, mais le tronçon de sa lance se brise en éclats jusqu'à la poignée. «Que faites-vous, compagnon?» lui crie Roland. «En telle

---

[44] *glouton* : qui mange beaucoup et avec avidité.
[45] *tronçon* : morceau coupé ou rompu.

10 bataille à quoi sert un bâton? Il n'y a de bon que le
fer et l'acier. Où est votre épée Hauteclaire dont la
garde[46] est d'or et le pommeau de cristal!» «Je ne
puis la tirer,» répond Olivier, «tant je suis occupé
à frapper.» AOI

⚜ 107 ⚜

Enfin, le seigneur Olivier tire sa bonne épée que son
ami lui a tant demandée et, en vrai chevalier, il la
lui fait voir, car il en frappe un païen, Justin de Val-
Ferée; par le milieu il lui fend toute la tête, lui tranche
5 avec le corps son haubert brodé et sa bonne selle incrustée d'or et de pierreries, pourfend l'échine du cheval,
et les abat tous deux morts devant lui sur le pré.
«Or,» s'écrie Roland, «je vous reconnais comme
mon frère. Pour de tels coups, l'empereur nous aime.»
10 Et de toutes parts retentit le cri de «Monjoie!» AOI

Olivier tire son épée Hau-teclaire et tue Justin de Val-Ferée.

⚜ 108 ⚜

Le comte Gérin est monté sur le cheval bai[47] Jonié
et son compagnon Gérier sur Passe-Cerf. Ils lâchent
les rênes, éperonnent tous deux à l'envi,[48] et vont frapper le païen Timozel, l'un sur l'écu, l'autre sur le
5 haubert. Tous deux lui brisent leurs lances dans
le corps et le renversent mort au milieu d'une colline.
Je ne sais point, et je n'ai jamais entendu dire, lequel
des deux fut alors le plus rapide.
Esperveris était là, le fils de Bovel; il meurt des

Gérin et Gérier tuent Timozel, Engelier tue Esperveris et Turpin tue Siglorel.

---

[46] *garde:* bord protecteur, placé entre la poignée et la lame d'une
arme blanche.
[47] *bai:* se dit d'un cheval à robe brune.
[48] *à l'envi:* avec émulation.

10 coups d'Engelier de Bordeaux. Puis l'archevêque tue
    Siglorel, l'enchanteur,[49] qui avait déjà été dans l'enfer
    où Jupiter l'avait conduit par l'art du diable. «En
    voilà un malfaiteur envers nous,» s'écrie Turpin.
    Roland répond: «Le mécréant est vaincu. Frére
15 Olivier, ce sont là les coups que j'aime.»

✎ 109 ✎

La bataille continue. Le
châtiment de Ganelon est
prédit.

La mêlée, cependant, est devenue rude ; Français et
païens échangent des coups merveilleux. Les unes
attaquent, les autres se défendent. Que de lances san‑
glantes et brisées! Que de drapeaux et d'étendards en
5 lambeaux! Que de bons Français tués à la fleur de
l'âge, qui ne reverront plus leurs mères ni leurs femmes,
ni leurs amis, qui les attendent là‑bas aux défilés.
Charlemagne en pleure et se désole, mais à quoi
bon? Ils n'en auront nul secours. Ah! que Ganelon
10 lui rendit un bien mauvais service le jour où il alla
à Saragosse vendre sa propre lignée.[50] Depuis lors il
a perdu et ses membres et sa vie, car la cour d'Aix
le condamna à être pendu, et avec lui trente de ses
parents auxquels on ne fit pas grâce de la mort.

15   AOI

✎ 110 ✎

Les Français se battent bien,
mais ils commencent à subir
de grosses pertes. En Fran‑
ce une tempête présage la
mort de Roland.

La bataille est formidable et rude. Olivier et Roland
frappent très bien et l'archevêque rend les coups par
milliers.[51] Les douze pairs ne sont pas en retard,
ainsi que les Français qui frappent tous comme un

---

[49] *enchanteur :* magicien.
[50] *lignée :* race.
[51] *millier :* un très grand nombre.

5 seul homme. Par centaines, par milliers, les païens tombent, et qui ne s'enfuit n'échappe pas à la mort, car bon gré mal gré,[52] tous y laissent leur vie. Mais les Français aussi perdent leurs meilleurs champions; ils ne reverront plus leurs pères, ni leurs familles,

10 ni Charlemagne qui les attend là-bas aux défilés. En France éclate une tourmente[53] prodigieuse; de la pluie et de la grêle à torrents; on y entend le tonnerre et le vent; la foudre tombe à coups redoublés; la terre elle-même tremble, et de Saint-Michel-du-

15 Péril jusqu'aux Saints, de Besançon jusqu'au port de Wissant, il n'y a pas une maison dont les murs ne chancellent; en plein midi de grandes ténèbres; plus de lumière au ciel que le feu des éclairs. Nul ne voit ces prodiges qui ne s'en épouvante et plusieurs disent:

20 «C'est la destruction; c'est la fin du monde qui arrive.» Mais ils ne le savent pas, et ils ne disent pas vrai: c'est le grand deuil pour la mort de Roland.

❧ 111 ❧

Les Français frappent avec courage et vigueur de telle sorte que les païens meurent par milliers, par troupeaux, et sur cent mille ils ne peuvent en sauver deux. «Les braves gens que les nôtres,» s'écrie l'archevêque;

Turpin loue les Français et Charles.

5 «nul roi sous le ciel n'en a de meilleurs. Il est écrit dans la geste[54] des Francs que notre empereur est très vaillant.» Les voilà qui vont par le champ de bataille à la recherche des leurs, les yeux mouillés de douleur et de tendresse, le cœur plein d'amour pour leurs parents.

10 Le roi Marsile paraît devant eux avec sa grande armée.

AOI

---

[52] *bon gré mal gré:* volontairement ou de force.

[53] *tourmente:* tempête violente.

[54] *geste:* poème épique, ou chronique.

SUCCÈS DES SARRASINS

✢ 112 ✢

Marsile attaque avec le gros de l'armée sarrasine.

Marsile s'avance le long d'une vallée avec la grande armée qu'il a réunie et divisée en vingt bataillons. Les heaumes ornés d'or et de pierreries reluisent ainsi que les écus et les hauberts brodés. Sept mille clairons
5 sonnent la charge et remplissent de bruit toute la con﹍trée. «Frère Olivier, mon compagnon,» s'écrie Roland, «Ganelon, le traître, a juré notre mort; sa trahison ne peut rester cachée, mais l'empereur en tirera une ven﹍geance terrible. Nous aurons une bataille forte et
10 rude, car jamais on ne vit un tel rassemblement.[55] Moi, j'y vais frapper de Durendal, mon épée; et vous, compagnon, vous frappez de Hauteclaire. En combien de lieux nous les avons portées, et avec elles combien de batailles nous avons gagnées! Il ne faut
15 pas qu'on en chante de mauvaise chanson.»   AOI

✢ 113 ✢

Abîme dirige l'attaque sar﹍rasine.

Quand Marsile voit le carnage de son peuple, il fait sonner ses cors[56] et ses trompettes, et s'avance à cheval avec sa grande armée. Au premier rang, voici un Sarrasin, Abîme; il n'en est pas de plus félon que lui
5 dans ce corps d'armée, car il est taché de crimes et souillé de nombreuses et grandes trahisons. Il ne croit pas en Dieu, le fils de sainte Marie; il est noir comme la poix[57] fondue; il aime plus la trahison et la perfidie que tout l'or de Galice; jamais personne
10 ne le vit plaisanter ni rire; mais il est brave et d'une

---

[55] *rassemblement:* action de rassembler.
[56] *cor:* instrument à vent.
[57] *poix:* résine.

témérité folle. C'est pour cela qu'il est le favori du félon roi Marsile et qu'il porte le dragon du roi autour duquel se rallie la nation. L'archevêque ne saura jamais l'aimer. Dès qu'il le voit, il désire le frapper, et fort
15 tranquillement il se dit à lui-même : «Ce Sarrasin me semble bien hérétique ; plutôt mourir que de ne pas aller le tuer, car je n'ai jamais aimé ni les couards ni la couardise.»[58] AOI

⚜ **114** ⚜

L'archevêque commence la bataille. Il monte le cheval qu'il enleva jadis à Grossaille ; c'est un roi que Turpin tua en Danemark. Le destrier est rapide et fait pour la course, car il a les pieds fins, et les jam-
5 bes plates, la cuisse courte et la croupe bien large, les flancs allongés, et l'échine bien haute. La queue est blanche et la crinière[59] jaune, la tête est fauve[60] et l'oreille petite. Bref, il n'est destrier qui lui soit com-parable. L'archevêque le pique avec vaillance. Il ne
10 manque pas de tomber d'un élan[61] sur Abîme. Donc, Turpin porte un coup sur son merveilleux écu, couvert de pierres fines, d'améthystes, de topazes, de cristaux et d'escarboucles qui brillent, don d'un émir nommé Galafre, et qui lui-même l'avait reçu d'un diable au
15 Val-Métas. Turpin le frappe et ne l'épargne point. Après le coup de l'archevêque, à mon avis, l'écu d'Abîme ne vaut plus un denier.[62] Alors Turpin lui tranche le corps de part en part[63] et l'abat sur place raide mort.[64] «Voilà du courage,» s'écrient les Fran-
20 çais ; «l'archevêque sait bien garder sa crosse.»

Description du cheval et de l'épée de Turpin. Il tue Abîme.

---

[58] *couardise :* lâcheté.
[59] *crinière :* poil long et rude du cou d'un cheval.
[60] *fauve :* couleur qui tire sur le rouge.
[61] *d'un élan :* d'un bond.
[62] *denier :* ancienne monnaie romaine.
[63] *de part en part :* d'un côté à l'autre.
[64] *abattre raide mort :* tuer d'un seul coup.

⅏ 115 ⅏

*Les Francs demandent à
Roland et Olivier de les
aider. Turpin les encourage
et leur promet le paradis.*

Quand les Français voient qu'il y a tant de païens que
de tous côtés les champs en sont couverts, ils appel‑
lent à leur aide Olivier et Roland et les douze pairs
pour qu'ils soient leur défense. Alors l'archevêque
5 leur dit sa façon de penser: «Pas de lâche pensée,
seigneurs barons. Au nom de Dieu, ne fuyez pas, que
nul homme ne chante de vous vilaine chanson. Il
vaut bien mieux mourir en combattant. C'est notre
sort, nous finirons ici, car après ce jour nous ne serons
10 plus de ce monde. Mais je vous suis bien garant d'une
chose, c'est que le saint paradis vous attend et que vous
serez assis parmi les innocents.» A ces mots les Fran‑
çais ont le cœur plein de joie; pas un seul qui ne crie:
«Monjoie!»   AOI

⅏ 116 ⅏

Climborin tue Engelier.

Il y avait là un Sarrasin de Saragosse, seigneur d'une
moitié de la ville—c'est Climborin qui n'est pas prud'
homme,[65] le même qui reçut la promesse du comte
Ganelon, et qui en signe d'amitié le baisa sur la bou‑
5 che, et lui fit don de son heaume orné de rubis. Il
couvrira, dit‑il, la Terre Majeure de honte et à l'em‑
pereur il arrachera la couronne. Il est monté sur un
cheval qu'il appelle Barbamouche et qui est plus
rapide qu'épervier[66] ou qu'hirondelle. Il l'éperonne
10 et lui lâche les rênes et va droit frapper Engelier de
Gascogne. Bouclier, haubert, rien ne tient; le païen
lui met dans le corps la pointe de sa lance, l'enfonce

[65] *prud'homme:* homme vaillant.
[66] *épervier:* oiseau de proie, petit faucon.

si bien qu'il en fait sortir le fer de l'autre côté, et à
pleine lance il le renverse mort sur le champ. Alors
15 il s'écrie: «Ces gens‑là sont bons à tuer. Frappez,
païens, pour rompre leurs rangs serrés.» «Dieu!»
disent les Français, «quel malheur de perdre un si
vaillant homme.»   AOI

🌿 117 🌿

Le comte Roland appelle Olivier: «Sire compagnon,
voici Engelier mort, nous n'avions pas de plus vaillant
chevalier.» «Veuille Dieu que je le venge!» répond
Olivier; et de ses éperons d'or pur il pique son cheval,
5 et, armé de Hauteclaire dont la lame est rouge de sang,
il court frapper le païen de toute sa force. D'un seul
grand coup de l'épée qu'Olivier brandit,[67] le Sar‑
rasin tombe et les démons emporte son âme. Puis
Olivier tue le duc Alphaïen; il tranche la tête d'Esca‑
10 babi et désarçonne sept Arabes qui ne seront jamais
bons à guerroyer.[68] Roland dit alors: «Mon compa‑
gnon est furieux, auprès de moi il vaut bien son prix.
Voilà les coups qui nous rendent plus chers à Charles.
Frappez, chevaliers,» s'écrie‑t‑il de toute sa force,
15 «frappez‑les.»   AOI

*Olivier venge Engelier, puis
tue Escababi et sept autres
Sarrasins.*

🌿 118 🌿

Voici venir d'un autre côté le païen Valdabrun.
C'est celui‑là qui a élevé Marsile. Il est maître sur la
mer de quatre cents navires, et il n'y a pas de marin
qui ne soit à ses ordres. C'est lui qui a pris Jérusalem

Valdabrun tue Samson.

---

[67] *brandir*: agiter (l'épée) avant de frapper.
[68] *guerroyer*: faire la guerre.

5   par trahison, et viola le temple de Salomon, et tua le
patriarche devant les fonts de baptême. C'est lui qui
a reçu la promesse du comte Ganelon et qui lui donna
son épée avec mille écus d'or. Il est monté sur un cheval
qui s'appelle Gramimonde, et qui est plus rapide que
10 ne l'est un faucon. Il le pique vivement de ses éperons
aigus et court frapper le puissant duc Samson. Il lui
brise l'écu, déchire sa cotte de mailles, lui enfonce
dans le corps le drapeau de sa lance, et lui fait vider
les arçons[69] et l'étend mort. «Frappez, païens,» s'écrie-
15 t-il, «nous les vaincrons.» Et les Français de dire:
«Dieu, quelle perte que celle de ce baron!»   AOI

⚹ 119 ⚹

Roland venge Samson en tuant Valdabrun.

Vous pouvez bien penser que le comte Roland,
quand il vit Samson mort, en éprouva un grand
chagrin. Il éperonne son cheval et de toute sa force
prend son élan, Durendal au poing, qui vaut plus
5   que l'or fin, et se précipite contre ce païen, lui donnant
le plus rude coup qu'il peut sur son heaume orné
de pierres précieuses. Il lui fend l'armure, et la tête
et le corps, ainsi que la selle incrustée d'or, et enfonce
son épée profondément dans le dos du cheval. Tous
10 deux sont morts, qu'on le blâme ou qu'on le loue.
«Voici,» crient les païens, «un coup terrible pour nous.»
Roland répond: «Je ne saurais aimer les vôtres,
car l'orgueil et les torts sont de votre côté.»   AOI

⚹ 120 ⚹

Malcuidant tue Anséis.

Voici un Africain venu d'Afrique; c'est Malcuidant, le fils du roi Malcud. Ses armes sont toutes en

---

[69] *arçon:* armature intérieure de la selle («saddle-bow»).

or battu et elles reluisent au soleil plus que toutes les
autres. Il monte un cheval qu'il nomme Saut-Perdu,
5 qu'aucune bête ne peut vaincre à la course. Il se précipite sur Anséis qu'il frappe à l'écu dont il brise le
vermeil et l'azur, met en pièces les pans de son armure,
et lui plonge au corps le fer et la hampe de sa lance.
Le comte est mort, il a fini son temps. «Baron,»
10 disent les Français, «comme tu as été malheureux!»

⚜ 121 ⚜

L'archevêque Turpin parcourt le champ de bataille.
Jamais tel prêtre ne chanta messe qui fit de sa personne
tant de prouesses. «Que Dieu te le rende,» s'écrie-t-
il au païen, «toi qui as tué quelqu'un que je regrette
5 vivement.» Il donne l'élan à son bon cheval, et il
frappe si fort sur l'écu de Tolède que, du coup, il abat
mort l'Africain sur l'herbe verte.

Turpin venge Anséis en tuant Malcuidant.

⚜ 122 ⚜

Voici venir de l'autre part le païen Grandoigne,
fils de Capuel, le roi de Cappadoce. Le cheval qu'il
monte et qu'il appelle Marmore est plus rapide que
ne l'est l'oiseau qui vole. Il lui lâche les rênes, le pique
5 des éperons et fond avec tant de force sur Gérin qu'il
lui brise son écu de vermeil et le lui arrache du cou.
Il lui découvre de haut en bas son haubert et lui plonge
au corps sa bannière bleue, le faisant tomber mort près
d'une haute roche. Il tue aussi Gérier, le compagnon
10 de Gérin, et Bérenger et Gui de Saint-Antoine. Enfin,
il va frapper un riche duc, Austoire, maître et seigneur
de Valence sur le Rhône, et l'abat mort à la grande
joie des païens. Mais les Français disent: «Comme
les nôtres tombent!»

Grandoigne tue Gérin, Gérier, Gui de Saint-Antoine et Austoire.

🌿 123 🌿

Roland provoque Gran-
doigne en duel.

Le comte Roland tient son épée sanglante. Il a bien
entendu que les Français découragent. Il en éprouve
une si vive colère qu'il sent son cœur prêt à se fendre.
«Que Dieu te confonde!» s'écrie-t-il au païen. «Je
5 te ferai payer bien cher la vie de celui que tu viens de
tuer.» Là-dessus il éperonne son cheval. Lequel des
deux vaincra? Les voilà aux prises.

🌿 124 🌿

Roland tue Grandoigne.

Grandoigne fut un brave et vaillant homme, sans
reproche et sans peur au combat. Sur son chemin il
rencontre Roland qu'il n'avait jamais vu, mais qu'il
reconnaît bien pourtant à son fier visage, à sa belle
5 stature, à son regard et à sa contenance. Il ne peut s'empêcher d'avoir peur, il voudrait s'enfuir, mais il n'y
a pas moyen. Le comte le frappe avec tant de vigueur
que du même coup il lui fend son heaume jusqu'au
nasal,[70] le nez, la bouche, les dents, le corps entier et
10 la cotte de mailles ainsi que les deux bords de la selle
dorée, et enfonce le fer dans le dos du cheval. Bref,
il les tue tous deux sans remède. Et ceux d'Espagne
gémissent et se désolent, et les Français crient: «Il
frappe bien, notre champion!»

🌿 125 🌿

Les Sarrasins font appel
à Marsile pour les aider.

La bataille est merveilleuse et animée. Les Français,
frappant avec vigueur et rage, tranchent poings, côtés,

---

[70] *nasal:* partie de l'heaume qui protège le nez.

échines, et armures jusqu'à la chair vive. Le sang clair coule sur l'herbe verte. «Terre Majeure des Francs, que
5 Mahomet te maudisse! Par-dessus toutes les races, la tienne est hardie.» Aussi n'y a-t-il pas un seul qui ne s'écrie: «Marsile, accours, ô roi, car nous avons besoin d'aide.»

🌿 126 🌿

La bataille est merveilleuse et grande. Les Français frappent avec leurs lances d'acier bruni. Vous eussiez vu là un immense spectacle de douleur: tant d'hommes blessés, sanglants et morts! L'un est étendu sur l'autre,
5 couchés l'un sur le dos, l'autre sur la face. Les Sarrasins n'y peuvent plus tenir; bon gré mal gré, ils vident le champ; de vive force[71] les Français les poursuivent.   AOI

La bataille continue.

🌿 127 🌿

Le comte Roland appelle Olivier: «Mon compagnon, il faut en convenir, l'archevêque est un fameux chevalier. Il n'en est pas de meilleur sur la terre ni sous le ciel. Comme il sait bien frapper et de la lance et de
5 l'épée!» «Allons donc l'aider,» répond Olivier. A ces mots les Français recommencent de plus belle.[72] Les coups sont rudes, la mêlée terrible, et bien grande la perte des chrétiens. Ah! qu'il eût fait beau voir Roland et Olivier manier leurs épées et tailler! L'arche-
10 vêque, lui, frappe de sa lance. Ceux qu'ils ont tués à eux trois, on peut bien savoir le nombre, car c'est

Les Français se battent courageusement jusqu'à ce que leur nombre tombe à soixante.

---

[71] *de vive force*: avec violence; avec élan.
[72] *de plus belle*: avec vigueur.

écrit dans l'histoire, et dans les chartes[73]—la geste dit
qu'il y en eut plus de quatre milliers. Aux quatre
premiers assauts tout va bien pour les Français, mais

15   le cinquième leur est cruel et funeste: tous les chevaliers
français sont tués, excepté soixante que Dieu a épar-
gnés. Mais ceux-là, avant de mourir, ils se vendront
bien cher.

⚜ 128 ⚜

Roland demande à Olivier   Le comte Roland voit les grandes pertes des siens.
ce qu'ils devraient faire.   Il appelle son compagnon Olivier: «Beau cher ami,
par Dieu! Il vous semble que de bons vassaux vous
voyez étendus à terre. Nous pouvons bien plaindre la

5   belle, la douce France privée de tels barons. Hélas,
roi chéri, que n'êtes-vous ici? Olivier, mon frère,
comment faire? Par quel moyen lui faire savoir ces
nouvelles?» «Je ne sait nul moyen,» dit Olivier;
«j'aime mieux mourir que d'encourir le déshonneur.»

10   AOI

⚜ 129 ⚜

Roland se résout à sonner du   «Ah,» dit Roland, «je vais sonner du cor. Charles
cor, mais Olivier s'oppose.   qui passe aux défilés l'entendra, et les Français reviendront, je vous le jure.» «Ce serait une grande honte,»
dit Olivier, «et un sujet de reproche à tous vos parents.

5   Toute leur vie, ils en auraient honte. Quand je vous
en priais, vous n'en fîtes rien. Maintenant, ce ne sera
pas avec mon approbation que vous le ferez. Sonner
votre cor, ce ne serait jamais l'acte d'un brave. Et

---

[73] *charte:* ici, chronique.

puis vous avez les deux bras tout sanglants.» «C'est
10 vrai,» répond le comte; «j'ai donné de fameux coups.»
AOI

⚜ 130 ⚜

«La bataille,» reprit Roland, «est rude; je sonnerai
du cor et le roi Charles l'entendra.» «Ce ne serait
pas là du courage,» répond Olivier. «Quand je vous
l'ai dit, ami, vous avez dédaigné de le faire. Si le roi
5 était revenu, nous n'aurions rien souffert. Ceux qui
sont là-bas avec lui ne méritent aucun reproche.
Par ma barbe,» ajouta-t-il, «si jamais je revois Aude,
ma noble sœur, vous ne serez jamais son époux.»
AOI

*Olivier menace de rompre les
fiançailles de Roland avec
Aude, sa sœur.*

⚜ 131 ⚜

«Pourquoi cette colère?» dit Roland. «Ami,» répond
Olivier, «à vous la faute; car la bravoure raisonnable
n'est pas la folie, et la sage mesure vaut mieux que la
témérité. Voilà nos Français morts par votre impru-
5 dence et Charles à jamais privé de nos services. Si
vous m'aviez cru, le roi serait venu, et nous aurions
gagné cette bataille. Le roi Marsile eût été pris ou
tué. Ah! votre prouesse, Roland, il faut bien la pleurer. Charlemagne n'aura plus notre secours, et jusqu'au
10 jugement dernier, on ne reverra plus un tel homme.
Vous allez mourir et la France en sera abaissée. C'est
aujourd'hui que va finir notre loyale amitié; avant le
soir aura lieu la douloureuse séparation.»   AOI

*Olivier blâme Roland pour
la défaite des Français.*

⚜ 132 ⚜

L'archevêque entend leur dispute; il pique son cheval
de ses éperons d'or pur, s'approche d'eux et se met à

*Turpin met fin à la querelle
entre Roland et Olivier.*

les gronder : «Sire Roland, et vous, sire Olivier, au
nom de Dieu, cessez de vous disputer ! Sonner du
5   cor maintenant ne vous servira de rien,[74] mais néan‚
moins il vaudrait mieux en sonner, et que le roi vien‚
ne, car il pourra nous venger. Il ne faut pas que ceux
d'Espagne rentrent joyeux chez eux. Puis nos Fran‚
çais, quand ils descendront de cheval, nous trouveront
10 ici morts et massacrés ; ils nous mettront sur des
brancards à dos de cheval en nous pleurant de larmes
de deuil et de pitié ; après, ils nous enterreront dans les
parvis[75] des monastères à l'abri des loups, des sangliers
et des chiens.» «C'est bien parlé, sire,» répond Roland.
15   AOI

⚔ 133 ⚔

Roland sonne du cor et
Charles l'entend.

Roland met l'olifant à sa bouche, l'enfonce bien, et
sonne à pleins poumons. Hauts sont les monts, et
la voix du cor est très longue. On en entendit l'écho
répondre à plus de trente lieues. Charles l'entend et
5   tous ses compagnons. «Nos gens livrent bataille,»
dit le roi. Mais Ganelon lui répond au contraire :
«Si un autre que vous le disait, cela paraîtrait un grand
mensonge.»

⚔ 134 ⚔

Les tempes de Roland écla‚
tent pendant qu'il sonne du
cor. Ganelon essaie de per‚
suader Charles que l'appel
de Roland ne signifie pas
qu'il a besoin d'aide.

Le comte Roland fait sonner avec tant d'effort, de
grand'peine, et de vive douleur son cor d'ivoire que
le sang clair jaillit de sa bouche et les tempes de son
front en éclatent. Mais aussi le son du cor retentit
5   bien loin, et Charles qui passe aux défilés l'entend.
Naimes l'écoute, ainsi que tous les Français. «J'en‚

---

[74] *ne servir de rien :* être complètement inutile.
[75] *parvis :* place devant l'entrée d'une église.

tends le cor de Roland,» dit le roi. «Certes il ne le sonnerait pas s'il ne livrait bataille.» «Il n'y a pas de bataille,» répond Ganelon. «Vous êtes déjà vieux et
10 vos cheveux sont tout blancs comme la neige, et vraiment vous parlez comme un enfant. D'ailleurs vous connaissez quel est le grand orgueil de Roland; c'est merveille que Dieu le souffre si longtemps. N'a-t-il pas pris Noples sans votre commandement?
15 Les Sarrasins sortirent de la ville et livrèrent bataille à Roland, le bon vassal. Puis il fit laver le champ à grande eau[76] pour effacer les traces de sang. Dans la poursuite d'un lièvre[77] qu'il fait lever, Roland, par folie, sonne du cor toute la journée, et sans doute, dans ce
20 moment-ci, il est en train de plaisanter. Qui sous le ciel oserait l'attaquer au champ? Avancez donc toujours; pourquoi vous arrêter? La Terre Majeure est bien loin devant nous.» AOI

𝒴 135 𝒴

Le comte Roland a la bouche sanglante et les tempes rompues; avec grande douleur et grand'peine, il sonne l'olifant. Charles et tous les Français l'entendent et le roi dit: «Ce cor a longue haleine!» Le duc Naimes
5 répond: «C'est qu'un bon vassal qui le sonne est en détresse. A mon avis il y a bataille là-bas. Celui-là qui vous conseille de n'y pas faire attention, a trahi Roland. Armez-vous! Répétez votre cri de guerre, et secourez votre noble maison. Bien vous entendez
10 que Roland désespère.»

Comme Charles, Naimes pense que Roland a besoin de leur aide.

𝒴 136 𝒴

L'empereur a fait sonner ses cors. Les Français mettent pied à terre, s'arment de hauberts et de heaumes,

Les forces de Charles s'arment et se hâtent de rentrer à Roncevaux.

---

[76] *à grande eau:* avec beaucoup d'eau.

[77] *lièvre:* un animal apparenté au lapin, mais plus grand.

et ceignent leurs épées brillantes d'or. Ils ont de beaux
écus, des lances longues et fortes, des drapeaux blancs,
5 rouges, et bleus. Puis tous les barons de l'armée mon⁄
tent à cheval, et tant qu'ils sont dans les défilés, ils
éperonnent leurs destriers, se disant les uns aux
autres : «Si nous trouvons Roland avant qu'il soit
mort, quels grands coups nous frapperons ensemble!»
10 Mais à quoi bon? Ils sont trop en retard.

⚜ 137 ⚜

*Ganelon est saisi et il
est humilié par des hommes
de basse naissance.*

Le soir est clair comme le plein jour; les armes relui⁄
sent au soleil couchant; les hauberts et les heaumes
jettent des rayons de flamme, ainsi que les écus si
bien peints à fleurs, et les drapeaux dorés. L'empereur,
5 à cheval, s'avance plein de colère, et les Français
anxieux et tristes à la fois. Pas un seul qui ne pleure
amèrement, et tous ont grand'peur pour Roland.

Cependant le roi fait saisir le comte Ganelon et le
livre aux gens de sa cuisine dont il appelle le chef,
10 nommé Bégon : «Gardez⁄moi bien ce félon,» lui
dit⁄il, «comme un traître qui a trahi ma maison.»
Bégon s'en saisit et le livre à cent compagnons de la
cuisine, des meilleurs et des pires, qui lui arrachent
poil à poil la barbe et la moustache. Puis chacun lui
15 donne quatre coups de poing, et après l'avoir battu
à coups de verges et de bâtons, ils lui passent une chaine
au cou comme à un ours, le chargent sur une bête
de somme, et le gardent jusqu'au moment de le
rendre à Charles.   AOI

⚜ 138 ⚜

*Les hommes de l'empereur
se lamentent et ils prient
pour Roland.*

Hautes sont les montagnes, et ténébreuses et grandes,
les vallées profondes et les torrents rapides! Les clai⁄
rons sonnent et à l'avant et à l'arrière⁄garde, et tous

résonnent à l'appel du cor de Roland. L'empereur
5   s'avance plein d'angoisse, et les Français soucieux et
tristes. Il n'en est pas un qui ne pleure et ne se lamente,
et ne prie Dieu de garder Roland jusqu'à ce qu'ils
le rejoignent au champ de bataille pour frapper tous
ensemble de rudes coups. Mais à quoi bon? Hélas!
10 cela ne leur sert de rien. Ils sont partis trop tard, et
ils ne peuvent arriver à temps.   AOI

𝕏 139 𝕏

Charlemagne s'avance avec emportement, sa barbe
blanche s'étalant sur son haubert, et tous les barons
de France éperonnent vivement leurs montures.[78]
Il n'en est pas un qui ne montre colère de n'être pas
5   avec Roland, le capitaine, qui se bat contre les Sarrasins d'Espagne. S'il est blessé son âme ne survivra
pas. Quels héros, mon Dieu, que ces soixante compagnons avec lui! Jamais ni roi ni capitaine n'en
eut de meilleurs.   AOI

*Les guerriers regrettent de
ne pas être avec Roland.*

𝕏 140 𝕏

Roland regarde autour de lui et les monts et les plaines;
il ne voit que des Français étendus morts et il les pleure
en noble chevalier: «Seigneurs barons, que Dieu ait
pitié de vous! Qu'il reçoive vos âmes en paradis!
5   Qu'il les fasse reposer sur les saintes fleurs! Meilleurs guerriers que vous je n'en ai jamais vus. Vous,
qui m'avez servi si longtemps et qui avez conquis
pour Charles tant de pays; ah! c'est donc pour cette
dure fin que l'empereur vous a nourris? Terre de

*Roland pleure la mort de
ses hommes qu'il ne peut
pas protéger.*

---

[78] *monture:* bête sur laquelle on monte.

10 France, ma douce patrie, rendue déserte aujourd'hui
par si cruel malheur! C'est pour moi que je vous vois
mourir. Je ne puis vous sauver ni vous défendre. Que
Dieu vous aide, Dieu, qui ne trompe jamais. Olivier
mon frère, je ne dois pas vous abandonner. Je mourrai
15 de douleur si quelqu'un ne me tue. Allons, camarade,
allons frapper encore.»

ᵛᶻ 141 ᶻᵛ

Turpin et Roland encou-
ragent leurs hommes.

Le comte Roland rentre sur le champ de bataille;
dans son poing est Durendal dont il se sert en brave.
Il tranche en deux Faudron de Puy et aussi vingt-
quatre païens des mieux prisés.[79] Il n'y aura jamais
5 homme plus âpre à la vengeance. Comme le cerf[80]
s'enfuit devant les chiens, ainsi devant Roland s'enfuient les païens. «Voilà qui est bien!» lui dit l'archevêque. «C'est avec cette valeur que doit se comporter
un chevalier qui porte des armes et monte un bon
10 cheval. Il faut qu'il soit fort et féroce dans la bataille,
ou autrement il ne vaut pas quatre deniers et doit se
faire moine dans un de ces monastères ou il priera
Dieu tous les jours pour nos péchés.» «Frappez,»
répond Roland, «et pas de quartier.» A ces mots les
15 Français reprennent la bataille; mais il y eut bien grand
carnage de chrétiens.

ᵛᶻ 142 ᶻᵛ

Marsile tue Bevon, Ivoire,
Ivon et Girard de Rousil-
lon. Roland les venge en

L'homme qui combat et qui est certain qu'on ne
lui fera point de quartier, se défend à mort dans une
telle bataille. C'est pourquoi les Français sont féroces

---

[79] *prisé:* estimé.
[80] *cerf:* «stag, deer».

comme des lions. Voici Marsile qui s'avance en guer-
5　rier, monté sur un cheval qu'il appelle Gaignon.
Le piquant vivement, il va frapper Bevon, seigneur
de Beaune et de Dijon. Il lui brise l'écu, lui rompt
les mailles du haubert et l'abat mort sans plus de
façon. Puis il tue Ivoire et Ivon, et encore avec eux
10　Girard de Rousillon. Le comte Roland, qui n'est
guère loin, dit au païen : «Que le bon Dieu te confonde,
toi qui me fais ce grand tort de tuer mes compagnons.
Tu le paieras avant de nous quitter et tu sauras aujourd'hui le nom de mon épée.» Alors en vrai baron,
15　il va frapper Marsile et lui tranche du coup la main
droite. Puis il coupe la tête de Jurfaleu le blond, le
fils du roi Marsile. «Au secours, Mahomet !» s'écrient
les païens. «Vous tous, nos dieux, vengez-nous de
Charles qui nous a lâché sur cette terre d'Espagne de
20　tels félons, que plutôt que nous abandonner le champ,
ils mourront tous.» Puis ils se disent l'un à l'autre :
«Or, donc, sauve qui peut.» Sur ce mot cent mille
hommes s'enfuirent. Inutile de les rappeler. Ils ne
reviendront pas.

*coupant la main droite de
Marsile et en tuant son fils.*

❦ 143 ❦

Mais qu'importe ? Si Marsile s'est enfui, son oncle le
calife est resté, celui qui possède Carthage, Alferne,
Garmalie, et aussi l'Ethiopie, une terre maudite. Ce
sont les gens de la race noire, au gros nez, aux larges
5　oreilles, qui sont sous ses ordres, et il y en a là plus de
cinquante mille. Ils avancent férocement et pleins de
colère et font retentir le cri de guerre des païens. «Ah !»
dit Roland, «nous allons recevoir ici le martyre.
Maintenant je sais bien que nous n'avons pas long-
10　temps à vivre ; mais maudit soit celui qui ne se vendra
cher. Frappez, seigneurs, de vos épées fourbies.»[81]

*Le calife attaque avec cin-
quante mille éthiopiens.*

------

[81] *fourbi :* nettoyé, poli.

Disputez bien et vos morts et vos vies, et surtout que la douce France par nous ne soit pas avilie![82] Quand Charles, mon seigneur, viendra sur ce champ de
15 bataille et qu'il verra le massacre des Sarrasins, et qu'il en trouvera quinze morts contre un seul des nôtres, il faudra bien alors qu'il nous bénisse.» AOI

144

Roland et Olivier poussent leurs hommes en avant.

Quand Roland voit ces gens mécréants qui sont plus noirs que l'encre, et qui n'ont de blanc que les dents, il dit: «Ah! à cette heure, je le sais à n'en pas douter que nous mourrons aujourd'hui. Frappez fort, Fran-
5 çais, c'est mon commandement.» «Malheur à ceux qui seront en arrière!» s'écrie Olivier. A ces mots les Français se précipitent dans la mêlée.

145

Le calife inflige à Olivier une blessure fatale.

Dès que les païens s'aperçoivent que les Français sont en petit nombre, ils sentent se ranimer leur orgueil et leur courage, et ils se disent entre eux: «Décidément l'empereur a tort.» Le calife monte sur un cheval roux,
5 le pique rudement de ses éperons d'or et tombe sur Olivier qu'il frappe par derrière au milieu du dos. Il lui détache du corps son haubert blanc, et fait passer sa lance au travers de la poitrine. «Voilà,» dit-il, «un rude coup pour vous. Charles fut mal inspiré de
10 vous laisser aux défilés. S'il nous a fait du mal, il ne faut pas qu'il s'en vante, car rien que sur vous j'ai bien vengé les nôtres.»

---

[82] *avili:* rendu vil, méprisable.

✻ 146 ✻

Olivier sent qu'il est frappé à mort, mais il tient au poing sa bonne épée Hauteclaire à l'acier bruni, et frappe le calife sur son heaume pointu d'or dont il en écrase les fleurs et les pierreries, et lui fend la tête
5 jusqu'aux dents et l'abat mort en brandissant son épée. «Maudit sois‑tu, païen!» lui dit‑il ensuite. «Je ne dis que Charles n'ait rien perdu; mais toi, du moins, tu ne te vanteras ni à ta femme ni à aucune autre dame de ton pays d'avoir pris la valeur d'un
10 denier, ni d'avoir fait mal, soit à moi, soit à d'autres.» Ensuite il appelle Roland à son secours.   AOI

Olivier se venge en tuant le calife.

✻ 147 ✻

Olivier sent qu'il est blessé à mort et qu'il ne pourra plus assouvir[83] sa vengeance. Alors, au milieu de la foule, il frappe coup sur coup en vrai baron, tranchant les lances et les boucliers, ainsi que les pieds et les
5 poings, les épaules et les flancs des chevaliers. Qui l'eût vu démembrer de la sorte les Sarrasins, jeter par terre un mort sur l'autre, garderait le souvenir d'un brave guerrier. Aussi ne veut‑il oublier la devise de Charles, et d'une voix haute et claire, il crie: «Mon‑
10 joie!» Alors il appelle Roland, son ami et son pair, lui disant: «Camarade, mettez‑vous près de moi, car aujourd'hui, hèlas, nous serons séparés.»   AOI

Bien que blessé fatalement, Olivier continue de se bat‑ tre.

✻ 148 ✻

Roland regarde Olivier au visage; il a changé de couleur, il est livide, décoloré et pâle. Tout le long de

Roland loue Olivier.

---

[83] *assouvir:* satisfaire.

son corps, le sang très clair coule, et les gouttes en tombent sur la terre. «Dieu!» dit Roland, «je ne sais
5 plus que faire. Camarade, votre courage vous a perdu! Jamais homme ne vivra qui vaille autant que vous. Ah! douce France, tu vas rester aujourd'hui humiliée et déchue, privée de tes meilleurs guerriers! Ce sera pour l'empereur un grand malheur.» A ces mots,
10 Roland pâme[84] sur son cheval.   AOI

⚜ 149 ⚜

Olivier frappe Roland par erreur. Assuré que c'était un accident, Roland lui pardonne.

Voici Roland pâmé sur son cheval et Olivier blessé à mort. Il a tant perdu de sang que sa vue en est trouble et il ne peut plus voir, ni de près ni de loin, assez clair pour reconnaître personne. Comme il rencontre
5 son compagnon, il frappe sur lui et fend son heaume orné d'or et de pierreries jusqu'au nasal, mais sans lui blesser la tête. A ce coup Roland le regarde et lui demande avec douceur et tendresse: «Camarade, l'avez-vous fait exprès? Je suis Roland qui vous ai
10 tant aimé; vous ne m'avez défié en aucune façon.» «Or, je vous entend parler,» dit Olivier, «pourtant je ne vous vois point—mais que Dieu vous voie, ami. Je vous ai frappé, pardonnez-le-moi.» «Je n'ai point de mal,» répond Roland. «Je vous pardonne ici
15 et devant Dieu.» A ces mots ils s'inclinent l'un vers l'autre, et sur ce tendre adieu les voilà séparés.

⚜ 150 ⚜

Olivier meurt.

Olivier sent les étreintes de la mort; déjà ses deux yeux lui tournent dans la tête et il perd complètement

---

[84] *pâmer* ou *se pâmer*: défaillir par l'effet d'une émotion ou d'une sensation très vive.

l' ouïe[85] et la vue. Il descend de cheval, se couche par terre, et de temps en temps fait sa confession; il lève au ciel ses deux mains jointes et prie Dieu de lui donner le paradis, de bénir Charles, la douce France et son compagnon Roland par-dessus tous les hommes. Le cœur lui manque, sa tête s'incline, de tout son long sur le sol il s'affaisse. Le comte est mort; c'en est fait d'Olivier. Le preux Roland le pleure et se désole et vous n'entendrez jamais sur terre un homme plus affligé.

※ **151** ※

Quand Roland voit que son ami est mort, le corps raidi, le visage tourné vers l'orient,[86] bien doucement il se met à le plaindre: «Mon compagnon, quel malheur que ta vaillance t'ait perdu! Nous avons été ensemble bien des jours, bien des années, et jamais tu ne m'as fait de mal, et jamais je ne t'en fis. Puisque tu es mort, tout mon chagrin est de vivre.» A ces mots, le comte s'évanouit sur son cheval Veillantif; mais il est retenu par ses étriers d'or fin, et quelque part qu'il aille, il ne peut tomber.

Roland s'évanouit de douleur en voyant Olivier mourir.

※ **152** ※

A peine Roland a-t-il repris ses sens et sitôt[87] qu'il s'est remis de sa pâmoison,[88] il s'aperçoit de la gran-

Gautier rentre seul du col qu'il a défendu.

---

[85] *ouïe*: celui des cinq sens par lequel on perçoit les sons.

[86] *vers l'orient*: Comme bon chrétien, Olivier tourne son visage vers la Terre Sainte.

[87] *sitôt*: aussi promptement.

[88] *pâmoison*: état d'une personne qui défaillit d'une émotion ou d'une sensation très vive.

deur du désastre. Les Français sont morts, il les a
tous perdus hors l'archevêque et Gautier de l'Hum.
5 Celui-ci est descendu de la montagne où il a bien
combattu contre ceux d'Espagne; mais ses gens sont
morts, car les païens les ont vaincus, et bon gré mal gré,
il s'enfuit dans les vallées appelant à grands cris Roland
à son secours: «A l'aide, noble comte, vaillant homme,
10 où es-tu? Je n'ai jamais eu peur auprès de toi. C'est
moi, Gautier, le vainqueur de Maelgut, moi, le neveu
du vieux Drouon à la tête chauve, moi que tu aimais
pour mon courage. Ma lance est brisée, mon écu
percé, voilà mon haubert démaillé et en lambeaux.
15 Je vais mourir, mais je me suis vendu cher.» Roland
qui a entendu ces mots pique son cheval et galope
vers lui.   AOI

⚜ 153 ⚜

Les païens attaquent les trois héros.

Roland est rempli de douleur et de colère. Au plus
épais de la presse il se met à frapper. De ceux d'Espagne, il en jette morts vingt, et Gautier six, et l'archevêque cinq. Les païens disent: «Les félons que voilà!
5 Gardez, seigneurs, qu'ils ne s'en aillent vivants!
Traître qui ne va pas les attaquer, et couard qui les
laissera échapper!» Alors recommencent leurs huées[89]
et leurs cris. De toutes parts ils reviennent à l'assaut.

⚜ 154 ⚜

Seuls Roland, Turpin, et Gautier sont encore en vie.

C'est un noble guerrier que le comte Roland et un
excellent chevalier que Gautier de l'Hum, et l'arche-

---

[89] *huée:* bruit, cris qu'on fait dans la bataille ou dans la chasse.

vêque, c'est un grand éprouvé. L'un ne veut pas
abandonner l'autre, et au plus fort de la mêlée ils
5 frappent les païens. En voilà mille d'entre eux qui ont
mis pied à terre, et à cheval il y en a bien quarante
mille—et tous, par ma foi, ils n'osent plus s'approcher
des trois Français. De loin ils leur jettent lances,
piques,[90] javelots, dards et flèches. Aux premiers
10 coups, ils ont tué Gautier. Turpin de Reims a son
écu percé, son heaume brisé, sa tête blessée, et son
haubert rompu et démaillé; il a quatre coups de
lance dans le corps, et son cheval s'abat tué sous lui.
Ah! quelle grande douleur quand l'archevêque tom-
15 be!   AOI

🌿 **155** 🌿

Quoique percé de quatre coups de lance, quand
Turpin de Reims se sent jeté à terre, il se redresse en
un instant, le brave, cherche des yeux Roland, et
court auprès de lui, s'écriant: «Je ne suis pas vaincu;
5 jamais brave guerrier ne se rend vivant.» Alors il tire
Almace, son épée d'acier bruni, et au plus épais de
la mêlée il se lance frappant plus de mille coups.
C'est Charles qui l'a dit depuis, que Turpin ne fit
grâce à personne, car autour de lui on en trouva quatre
10 cents morts, les uns blessés, d'autres coupés en deux,
d'autres encore privés de leurs têtes. Voilà ce que dit
la geste, ainsi que celui qui était sur le champ de bataille, le brave saint Gilles, pour qui Dieu fit le miracle
de le protéger. Après il en écrivit le récit au monas-
15 tère de Laon. Qui ne sait pas cela est ignorant de
l'histoire.

*Blessé par quatre coups de
lance, Turpin continue de
se battre.*

---

[90] *piques, javelots, dards:* armes de main comme la lance.

⚜ 156 ⚜

Bien que son crâne soit fendu, Roland sonne du cor encore une fois. L'armée de Charles répond.

Cependant, le comte Roland se bat en brave, mais il a tout le corps brûlant et trempé de sueur, et surtout il éprouve un mal, une grande douleur dans la tête, car en sonnant du cor, il s'est rompu les tempes. Pour‐
5 tant il voudrait bien savoir si Charles viendra. Alors il saisit son cor et en tire un son faible. A ce son l'em‐ pereur s'arrête et écoute. «Seigneurs,» dit‐il, «tout va bien mal pour nous; nous allons perdre aujourd'hui mon neveu Roland. Aux faibles sons de son cor je
10 pressens qu'il n'a plus longtemps à vivre. Pour arriver à temps auprès de lui, pressons nos destriers. Qu'on sonne toutes les trompettes dans l'armée ensemble!» Alors soixante mille cors résonnent si fort que les monts en retentissent et les vallées y répondent. En entendant
15 ce son, les païens n'ont point envie de rire, car ils se disent l'un à l'autre: «C'est Charles qui arrive.»

                                                                    AOI

⚜ 157 ⚜

Entendant le cor de Charle‐ magne, quatre cents Sar‐ rasins lancent une dernière attaque contre Turpin et Roland.

«L'empereur revient sur ses pas,» s'écrient les païens, «car ce sont bien les trompettes françaises qu'on entend résonner. Si Charles arrive, c'est pour nous la déroute. Si Roland survit, notre guerre recommence,
5 et l'Espagne, notre terre, est perdue.» Là‐dessus quatre cents se rassemblent, bien couverts de leurs heaumes, de ceux qui passent pour les meilleurs parmi toute l'armée païenne. Voici que contre Roland ils livrent un rude et terrible assaut. Or, le comte dans ce moment
10 a fort[91] à faire.   AOI

---

[91] *fort:* beaucoup.

❧ 158 ❧

Quand le comte Roland les voit venir, il devient si
fort, si fier et si ardent, qu'il ne se rendra pas tant qu'il
sera vivant. Monté férocement sur son cheval Veillantif, il le pique de ses éperons d'or fin et court les
5 assaillir tous au plus fort de la mêlée. L'archevêque
est avec lui. Alors les Sarrasins se disent l'un à l'autre:
«Sauvons-nous, amis, car nous avons entendu les
trompettes des Français; c'est Charles qui revient, le
roi puissant.»

Roland et Turpin repoussent
les quatre cents infidèles.

❧ 159 ❧

Jamais le comte Roland n'aima les couards, ni les
orgueilleux, ni les hommes méchants, ni chevalier
qui ne fût bon vassal. Il appela l'archevêque Turpin:
«Sire,» lui dit-il, «vous êtes à pied et moi à cheval;
5 mais par amour pour vous je vais prendre poste ici;
ensemble nous partagerons le bien et le mal, et je ne
vous abandonnerai pour aucun homme du monde.
Nous allons rendre aux païens cet assaut. Les meilleurs coups sont ceux de Durendal.» «Honte à qui
10 ne frappe de son mieux!» répond l'archevêque. «Charles revient, qui saura nous venger.»

Roland déclare qu'il est
solidaire de Turpin.

❧ 160 ❧

Quant aux païens: «Nous sommes nés malheureux!»
disent-ils. «Ce jour s'est levé bien funeste pour nous,
car nous avons perdu nos seigneurs et nos pairs!
Charles, le guerrier terrible, revient avec sa grande
5 armée; déjà nous entendons les trompettes éclatantes

Avant de s'enfuir, les in-
fidèles lancent leurs javelots
et tuent le cheval de Ro-
land.

des Français et le vacarme[92] de leurs cris de 'Monjoie!'
Le comte Roland est de si grande férocité qu'il ne
se laissera vaincre par aucun homme mortel. Lançons
des traits en masse sur lui et laissons-le sur le terrain.»
10 Ainsi firent-ils, et aussitôt voici une pluie de dards,
javelots, piques, lances et flèches empennées, qui
tombent sur lui. Ils ont percé et fracassé l'écu de Roland, rompu et déchiré le haubert, mais dans son corps
ils ne l'ont pas atteint. Son bon destrier Veillantif,
15 en trente endroits blessés, tombe mort sous le comte.
Cependant, les païens s'enfuient et laissent là le comte
Roland seul et à pied.   AOI

⚜ 161 ⚜

Roland panse les blessures
de Turpin.

Les païens, pleins de rage, s'enfuient vers l'Espagne.
Le preux Roland ne peut pas les poursuivre, car il
a perdu son bon destrier Veillantif, et, bon gré mal
gré, il est resté à pied. Il va donc porter secours à
5 l'archevêque Turpin; il lui délace[93] son heaume
d'or, lui enlève son haubert brillant et léger, et coupe
en morceaux son surtout de soie, et avec les pans il lui
bande ses grandes plaies. Puis il le presse contre son
cœur et le couche doucement sur l'herbe verte, et
10 ensuite le prie bien tendrement: «Gentil seigneur,
donnez-moi congé. Nos compagnons, que nous
aimons tant, sont tous morts à cette heure; nous ne
devons pas les abandonner. Je veux aller les chercher
et reconnaître tous les corps; puis les apporter auprès de
15 vous et les mettre en rang.» «Allez,» dit l'archevêque,
«et revenez bientôt. Ce champ est le vôtre, Dieu merci,
le vôtre et le mien.»

---

[92] *vacarme:* bruit tumultueux.
[93] *délacer:* défaire.

❧ 162 ❧

Roland part; il s'en va tout seul par le champ de
bataille et le parcourt en cherchant dans les vallées
et les montagnes. Il y trouve Gérin et son compagnon
Gérier, puis Bérenger et Oton, près d'eux Anséis et
5 Samson, ainsi que le vieux Girard de Roussillon.
L'un après l'autre, il les a pris, le vaillant, et il les porte
tous auprès de l'archevêque et les met en rangs devant
ses genoux. L'archevêque ne peut retenir ses larmes.
Il lève la main, il leur donne sa bénédiction, et dit
10 après: «Seigneurs, vous avez eu du malheur! Que le
Dieu de gloire reçoive toutes vos âmes et les mette
dans les saintes fleurs du paradis! Je suis moi-même
dans les angoisses de la mort et je ne verrai plus le
noble empereur.»

*Roland rassemble les corps
des pairs morts pour que
Turpin les bénisse.*

❧ 163 ❧

Roland repart; il cherche de nouveau dans le champ
de bataille. Il trouve, enfin, le corps de son compagnon
Olivier qu'il presse étroitement contre son cœur. Du
mieux qu'il peut, il le porte près de l'archevêque et le
5 couche sur un écu auprès des autres; l'archevêque
l'absout et le bénit. Alors la douleur et la pitié redou-
blent. «Olivier, mon beau compagnon,» dit Roland,
«vous étiez le fils du vaillant duc Renier, chef et seigneur
de la marche de Gênes et de la Riviera. Pour briser les
10 lances et percer les écus, pour vaincre et humilier les
orgueilleux, diriger et conseiller les braves, et vaincre
les traîtres, jamais en aucun pays il n'eut meilleur
chevalier.»

*Roland trouve le corps
d'Olivier et il pleure sa
mort.*

❧ 164 ❧

Roland pleure la mort de ses compagnons.

Quand le comte Roland voit ses pairs morts, et surtout Olivier qu'il avait tant aimé, il s'attendrit et se met à pleurer. Son visage est tout pâle et sa douleur est telle qu'il ne peut plus se tenir debout; qu'il veuille ou non,
5 il tombe sans connaissance. «Hélas,» dit l'archevêque, «quel malheur pour un tel baron.»

❧ 165 ❧

Turpin essaie d'apporter de l'eau à Roland.

L'archevêque, quand il voit Roland s'évanouir, en ressent une telle douleur que jamais il n'en eut de pareille. Il étend la main et prend l'olifant; il veut aller vers une eau courante qui traverse la vallée de Ron-
5 cevaux pour remplir le cor d'eau et en donner à Roland. Tout chancelant, à petits pas, il s'en va, mais il est si faible qu'il ne peut avancer; il n'en a pas la force, il a trop perdu de sang. Avant qu'il n'ait parcouru un arpent,[94] le cœur lui manque, il tombe
10 en avant. Le voilà dans les angoisses de la mort.

❧ 166 ❧

Turpin confesse ses péchés et meurt.

Le comte Roland revient de son évanouissement, et malgré sa douleur, il se redresse sur ses pieds. Il regarde d'un côté et d'un autre, et au-delà de ses compagnons, sur l'herbe verte, il voit étendu le noble
5 seigneur, le représentant de Dieu. Les yeux levés au ciel, l'archevêque confesse ses péchés, les deux mains jointes, et demande à Dieu de lui accorder le paradis.

---

[94] *arpent:* ancienne mesure de distance.

C'est ainsi qu'est mort Turpin, le bon soldat de Charles; il a été toute sa vie le champion de Dieu contre
10 les païens, ou par de beaux sermons, ou par de grandes
batailles. Que Dieu lui donne sa sainte bénédiction!

AOI

🌿 167 🌿

Le comte voit l'archevêque étendu à terre; ses entrailles
se sont échappées de son corps, et sa cervelle répandue
frémit encore sur son front. Alors il lui croise ses belles
mains blanches sur la poitrine, entre les deux mamel-
5 les, et le plaint tristement selon l'usage de son pays.
«Hélas! gentilhomme, chevalier de noble lignée,
ce jour je te recommande au Dieu de gloire. Il n'y
aura jamais homme qui le serve plus volontiers, et
depuis les saints apôtres, il n'y a eu pareil prophète
10 pour maintenir la loi et convertir les hommes. Puisse
ton âme n'avoir aucune souffrance et trouver ouverte
la porte du paradis.»

Roland pleure la mort de Turpin.

QUESTIONNAIRE

Laisses 68 à 92

1. Les Musulmans ont-ils vraiment adoré des idoles?
2. La laisse 68 est-elle unifiée dans son contenu?
3. Quel Sarrasin a obtenu l'honneur d'être le premier à attaquer Roland?
4. Qui est le premier Sarrasin à joindre Aelroth?
5. La différence principale entre les chrétiens et les païens est-elle une question de vertu personnelle ou d'affiliation religieuse?

6. Quel est le but littéraire poursuivi en faisant tous les païens haïr Roland par dessus tout?

7. Le fait que tous les Sarrasins connaissent Durendal, est-il significatif?

8. Roland est-il le seul guerrier de Charles à être connu des païens?

9. Quelle impression le poète donne-t-il de l'amour chevaleresque?

10. Pourquoi y a-t-il douze pairs sarrasins?

11. Sur quel genre de monture les Sarrasins arrivent-ils sur le champ de bataille?

12. Quels sont les devoirs d'un vassal à l'égard de son suzerain?

13. Roland est-il le premier à soupçonner la trahison de Ganelon?

14. Pourquoi Roland refuse-t-il de sonner son cor?

15. Quels sont les attributs caractéristiques de Roland et d'Olivier?

16. Si Roland mourait, que dirait-on de Durendal?

17. Quelle pénitence les chrétiens doivent-ils faire pour recevoir l'absolution?

18. Quel est le nom du cheval de Roland?

19. Quel est le cri de guerre des Francs?

Laisses 93 à 111

1. Comment Aelroth insulte-t-il les Français?

2. Qui tue le premier Sarrasin? Comment sait-il que les siens vont gagner?

3. Est-il logique que les païens disent de la France «la douce France»?

4. Qui tue le deuxième Sarrasin?

5. Qui tue le troisième Sarrasin? Quel but littéraire l'auteur poursuivait-il en faisant le récit des trois premières victoires?

6. L'archevêque chrétien se distingue-t-il plus par l'amour ou par la haine?

7. Qu'arrive-t-il à l'âme de Malprimis?

8. Y a-t-il beaucoup de variété dans la description des combats?

9. Qui est le dixième pair païen à mourir?

10. Pourquoi Olivier n'est-il pas blessé par Margaris?

11. Les armes de Roland sont-elles souillées de son propre sang?

12. Pourquoi Olivier ne s'est-il pas servi de son épée? Comment la nomme-t-il?

13. Etait-il chevaleresque que deux guerriers en attaquent un seul? Les règles de la chevalerie peuvent-elles être appliquées aux païens?

14. Est-ce surtout par un désir de gain que Ganelon a trahi l'arrière-garde?

15. Y a-t-il une similitude entre la mort de Roland et celle du Christ? (Cf. Mathieu 27: 45, 51.)

Laisses 112 à 139

1. Sur quel point Roland est-il d'accord avec Olivier?

2. Est-il nécessaire de nos jours qu'un soldat craigne tellement le ridicule?

3. La déclaration finale de l'archevêque est-elle très logique? Un hérétique doit-il nécessairement manquer de courage?

4. Roland est-il seul à redouter le ridicule?

5. Pourquoi les Francs doivent-ils nécessairement être «parmi les Innocents»?

6. Est-il logique qu'un Musulman appelle ses amis «infidèles»?

7. Le Dieu des Francs était-il un dieu d'amour et de pardon, ou de haine et de vengeance?

8. Roland est-il une personne propre à haïr les païens à cause de leur fierté?

9. Pourquoi est-il logique que Gérin et Gérier meurent ensemble?

10. Faut-il connaître Roland pour le reconnaître?

11. Comment le poète justifie-t-il les statistiques qu'il avance?

12. Combien y a-t-il de Francs encore en vie?

13. La volte-face d'Olivier semble-t-elle un peu rancunière?

14. Qui doit régler la querelle entre Roland et Olivier?

15. De quels arguments Turpin se sert-il pour demander à Roland de sonner du cor?

16. Qui reconnaît le son du cor de Roland? Qui nie que c'est le sien?

17. A quelles indignités Ganelon est-il soumis?

18. Avec combien de laisses le poète interrompt-il la bataille de Roncevaux pour raconter ce que Charlemagne fait en entendant le cor de Roland?

Laisses 140 à 167

1. Quelle est la seule comparaison complètement développée dans la *Chanson*?

2. Roland est-il comparé ailleurs à un chien? (Cf. laisses 141 et 57.)

3. Turpin semble-t-il tenir la vie monastique en haute estime?

4. Pourquoi les Francs sont-ils résolus à se battre jusqu'au dernier?

5. S'attendrait-on à ce que le fils du roi sarrasin soit blond?

6. De quel côté le calife frappe-t-il Olivier? Olivier est-il battu dans une lutte équitable?

7. Qui venge la mort d'Olivier?

8. Pourquoi Roland doit-il demander à Olivier si ce dernier l'avait frappé intentionnellement?

9. Quelles sont les relations entre Gautier et Roland?

10. Pourquoi les Sarrasins lancent-ils des javelots et tirent-ils des flèches contre les Francs?

11. Comment Charles apprend-il que Turpin s'est bien battu?

12. Quel témoin oculaire a survécu à la bataille de Roncevaux?

13. Comment Charlemagne sait-il que Roland se meurt?

14. Roland hait les «orgueilleux». Lui-même est-il très modeste?

15. Les projectiles des Sarrasins blessent-ils Roland?

16. A qui Roland pense-t-il aussitôt après la fuite des Sarrasins?

17. Pourquoi Roland apporte-t-il à Turpin les corps des guerriers morts?
18. Pour qui Roland fait-il son plus long «regret funèbre»?
19. Dans quel but Turpin prend-il l'olifant?
20. Qui est le «représentant de Dieu»?
21. Roland se souvient-il de Turpin surtout comme chevalier de noble lignée ou comme homme de Dieu?

III La Mort de Roland

🌿 168 🌿

Mais Roland lui-même sent venir la mort ; sa cervelle
lui sort par les oreilles. Il prie d'abord Dieu, afin qu'il
appelle à lui tous ses pairs ; puis il implore pour lui-
même l'ange Gabriel. Alors il prend d'une main son
5 cor pour qu'on ne dise pas qu'il l'a perdu, et de l'autre
main il prend son épée Durendal, et s'avance sur la
terre d'Espagne plus loin que la portée d'un arc ;
il entre dans un champ, et monte sur un tertre, où
sont, sous deux beaux arbres, quatre blocs de marbre
10 taillé. Là il tombe à la renverse[1] sur l'herbe verte et il
s'évanouit, car la mort lui est proche.

Cherchant la mort, Roland avance vers l'ennemi.

🌿 169 🌿

Hauts sont les pics, très hauts sont les arbres ; les quatre
blocs de marbre reluisent. Sur l'herbe verte le comte
Roland s'est évanoui. Tout le temps un Sarrasin le
regarde et, couché entre les cadavres, contrefait[2] la

Un arabe tente de voler l'épée de Roland.

---

[1] *à la renverse :* sur le dos.
[2] *contrefaire :* représenter en imitant.

⁵ mort, ayant souillé le corps et le visage de sang. Soudain il se lève et se met à courir. C'est un homme fort, beau, et de grand courage. Plein d'orgueil et de râge qui vont lui être mortels, il met la main sur Roland, corps et armes, et s'écrie: «Il est vaincu, le neveu de Charles.
¹⁰ J'emporterai cette épée en Arabie.» Et comme il la tire, le comte reprend un peu connaissance.

🌿 170 🌿

De son cor, Roland tue le voleur.

Roland sent qu'on lui enlève son épée. Il ouvre les yeux et ne dit que ce mot: «Sur mon âme, tu n'es pas des nôtres.» Il garde toujours son cor qu'il ne veut jamais perdre, et avec ceci il frappe le heaume
⁵ orné d'or et de pierreries du téméraire.³ Il lui brise l'armure, et la tête, et les os, lui fait jaillir les deux yeux de la tête et étend le païen mort à ses pieds en lui disant: «Comment, lâche, as-tu été si hardi que de mettre la main sur moi à droit ou à tort? Personne
¹⁰ ne t'entendra raconter cela qui ne t'en tienne pour fou. Le gros bout de mon cor en est fendu, et le cristal et l'or en sont tombés.»

🌿 171 🌿

Roland tente de briser son épée sur une pierre.

Alors Roland sent que sa vue se perd. Il se lève sur les pieds et s'efforce autant qu'il peut, mais son visage est sans couleur. Devant lui il a une roche brune; dans sa colère et son dépit, il y frappe dix coups de
⁵ Durendal. L'acier grince, mais ne se rompt ni s'ébrè-

---

³ *téméraire:* hardi avec imprudence.

che.[4] «Ah,» dit le comte, «aide-moi, sainte Marie! Hélas! Durendal, bonne épée, quel malheur! Tu ne peux plus me servir, mais je n'en ai pas moins souci de toi. Avec toi j'ai tant gagné de batailles sur le champ,
5 conquis tant de vastes domaines pour Charles à la barbe blanche! Que jamais homme ne te possède qui soit capable de fuir devant un autre! Tu as appartenu longtemps à un bon vassal; il n'y aura jamais son pareil en France, la terre bénite!»

⚘ 172 ⚘

Roland frappe sur le bloc de marbre; l'acier grince, mais ne se rompt ni s'ébrèche. Quand Roland voit qu'il ne peut briser l'épée, il se met à la plaindre avec grande douceur: «Ah! Durendal, comme tu es
5 claire et brillante, comme tu reluis et flamboies au soleil! Charles était dans les vaux[5] de Maurienne quand du ciel Dieu lui ordonna par son ange de te donner à un vaillant capitaine. C'est alors que le noble roi, Charlemagne, te mit à ma ceinture. Avec toi, je
10 lui ai conquis l'Anjou et la Bretagne, et le Poitou, et le Maine et la libre Normandie; avec toi, je lui ai conquis la Provence et l'Aquitaine, ainsi que la Lombardie et tout le pays romain; avec toi, je lui ai conquis la Bavière et toute la Flandre, et la Bourgogne et
15 toute la Pouille; Constantinople dont il reçut la foi, et la Saxe où il fait ce qu'il veut; avec toi, je lui ai conquis le pays de Galles, l'Ecosse, et l'Angleterre, qui est son domaine privé; avec toi, j'ai tant gagné de terres et de pays que possède Charles qui a
20 la barbe blanche! Que j'ai pour cette épée de douleur

Roland dit adieu à son épée. Il énumère les pays qu'il a conquis en se servant de l'épée.

---

[4] *s'ébrécher:* «to break off a piece».
[5] *vaux (pluriel de val):* étendue de terre resserrée entre deux coteaux.

et de peine! Mieux vaut mourir que de la laisser aux
païens. Dieu, notre père, épargnez cette honte à la
France!»

🌿 173 🌿

Roland continue de pleurer son épée.

Roland frappe sur une pierre grise. Il en abat plus que
je ne saurais vous dire. L'épée grince sans se briser ni
s'ébrécher, et rebondit vers le ciel. Quand le comte
voit qu'il ne peut la briser, tout doucement il la plaint
5 en lui-même: «Ah! Durendal, que tu es belle et
sainte! Que de reliques[6] précieuses il y a dans ta garde
dorée! Une dent de saint Pierre, du sang de saint
Basile, des cheveux de monseigneur saint Denis, du
vêtement de la Vierge Marie. Il n'est pas permis à
10 des païens de te posséder; tu dois rester au service des
chrétiens. Que jamais personne ne te possède qui
soit capable de couardise! Que de vastes domaines par
toi j'ai conquis pour Charles, qui a la barbe fleurie!
Ils font la force et la richesse de l'empereur.»

🌿 174 🌿

Roland se prépare à mourir face aux païens.

Roland sent bien que la mort s'empare de lui, et de
la tête elle gagne le cœur. Il court se jeter sous un pin;
et là couché sur l'herbe, la face contre terre, sous lui
l'épée et le cor, il tourne la tête vers les païens. Il a
5 fait cela, le noble comte, pour que Charles dise, ainsi
que toute son armée, qu'il est mort en conquérant.
Il confesse ses péchés en se frappant souvent la poitrine,

---

[6] *relique:* object qu'on vénère; la partie du corps d'un saint, ou
une chose qu'il a utilisée.

et comme gage de son repentir, il tend son gant droit
vers Dieu.   AOI

❧ **175** ❧

Roland sent que son temps est fini. Là, sur un pic,
il est couché, le visage tourné vers l'Espagne et d'une
main il frappe sa poitrine. «Pardonne-moi, mon
Dieu, au nom de tes vertus, tous mes péchés, les grands
5 et les petits, que j'ai faits depuis l'heure de ma naissance jusqu'à ce jour où me voici venu.» Il tend vers
Dieu son gant droit, et les anges du ciel descendent
auprès de lui.   AOI

*Roland se confesse et il offre
son gant à Gabriel.*

❧ **176** ❧

Le comte Roland est étendu sous un pin, le visage
tourné vers l'Espagne. De bien des choses alors il
se met à se souvenir, de tant de terres qu'il a conquises
par son courage, de la douce France, des gens de sa
5 famille, de Charlemagne, son seigneur, qui l'a nourri.
Il ne peut retenir ses soupirs et ses larmes. Mais il ne
veut pas se mettre lui-même en oubli, et de nouveau
il confesse ses fautes et en demande à Dieu le pardon:
«Notre vrai Père, toi qui n'as jamais trompé, qui a
10 ressuscité saint Lazare d'entre les morts, qui a sauvé
Daniel des lions, sauve mon âme et défends-la contre
tous périls à cause des péchés que j'ai faits en ma vie.»
Il tend vers Dieu le gant de sa main droite, et saint
Gabriel de sa propre main le lui prend. Alors la tête
15 de Roland s'incline sur son bras, et les mains jointes,
il s'en va à sa fin. Dieu près de lui envoie son ange
Chérubin et avec lui saint Michel-du-Péril. Saint

*Roland prie et Gabriel
accepte le gant qu'il offre.
Les anges emportent l'âme
de Roland au paradis.*

Gabriel est venu avec eux. Ils emportent l'âme du comte en paradis.

QUESTIONNAIRE

Laisses 168 à 176

1. Pour qui Roland prie-t-il d'abord, pour lui-même ou pour ses amis?
2. Le Sarrasin qui essaie de s'emparer de l'épée montre-t-il vraiment «de grand courage»?
3. Avec quelle arme Roland tue-t-il le voleur?
4. Pourquoi Roland veut-il détruire son épée?
5. De quel ami Roland prend-il congé dans la laisse 172?
6. Quelles reliques se trouvent dans la poignée de son épée?
7. Pourquoi Roland meurt-il face à l'ennemi?
8. Qui reçoit le gant de Roland?
9. Roland pense-t-il à sa fiancée quand il meurt?
10. Qui reçoit l'âme de Roland?

IV Vengeance sur les Sarrasins

Poursuite des Sarrasins

❧ **177** ❧

Roland est mort; Dieu a son âme au ciel. L'em⁄
pereur rentre dans la vallée de Roncevaux. Là, pas
un chemin, pas un seul sentier, pas un espace vide,
pas une aune,[1] pas un pied de terrain où il n'y ait
5 corps de Français ou de païen. Charles s'écrie: «Où
êtes⁄vous, mon beau neveu? Où est Gérin et son com⁄
pagnon Gérier? Où sont le duc Oton, et le comte
Bérenger, Ivon et Ivoire, que j'ai tant aimés? Qu'est
devenu Engelier le Gascon, et le duc Samson et le
10 brave Anséis? Où sont les douze pairs que j'avais
laissés derrière moi?» Vaines paroles auxquelles per⁄
sonne ne répond. «Dieu,» dit le roi, «puis⁄je assez
me désoler de n'avoir pas été au début de cette bataille!»
Et de s'arracher la barbe comme un homme au déses⁄
15 poir. Ses vaillants chevaliers versent des larmes; vingt
mille hommes tombent par terre évanouis. Le duc
Naimes éprouve une douleur profonde.

Charles arrive à Ronce⁄
vaux, et il cherche l'arrière⁄
garde.

---

[1] *aune:* ancienne mesure de longueur.

⚜ **178** ⚜

Cessant leur lamentation,
les Francs poursuivent les
Sarrasins.

Il n'est ni chevalier ni baron qui de pitié ne pleure à
chaudes larmes. Ils pleurent leurs fils, leur frères,
leurs neveux, leurs amis et leurs seigneurs liges.[2] La
plupart tombent évanouis contre terre. Mais le duc
5 Naimes agit alors en homme sage, et tout le premier il
dit à l'empereur : «Regardez en avant à deux lieues de
nous ! Vous pouvez voir à la poussière qui s'élève sur
les grands chemins qu'ils sont couverts de cette race
païenne. A cheval donc, et vengez cette douleur !»
10 «Grand Dieu !» s'écrie Charles, «ils sont déjà bien
loin ; quand même, rendez-moi le droit et l'honneur,
car ils m'ont enlevé la fleur de la douce France.»
Alors le roi commande à Gébouin et à Oton, à Thibaut de Reims et au comte Milon : «Gardez le champ,
15 les monts et les vallées ; laissez les morts couchés là
comme ils sont. Mais veillez qu'aucun lion ni autre
bête sauvage n'y vienne toucher, non plus que les écu-
yers,[3] ni les garçons. Je vous défends d'y laisser toucher
aucun homme, jusqu'à ce que Dieu veuille que nous
20 revenions ici sur le champ.» Les barons, pleins de
tendresse, lui répondent doucement : «Juste empereur,
cher sire, ainsi ferons-nous.» Et ils retiennent avec
eux mille de leurs chevaliers.   AOI

---

[2] *lige* : se dirait de celui qui est étroitement obligé à son seigneur
féodal ; *homme-lige* : vassal, seigneur lige, seigneur féodal.
[3] *écuyer* : gentilhomme qui accompagnait un chevalier et qui
portait son écu.

⚘ **179** ⚘

L'empereur fait sonner ses clairons, puis il s'avance
bravement avec sa grande armée. Enfin ils trouvent
la trace des païens. Tous ensemble s'acharnent à leur
poursuite. Mais quand le roi voit venir le soir, il met
5 pied à terre sur l'herbe verte dans un pré, se prosterne
à terre et supplie le Seigneur Dieu de faire arrêter pour
lui le soleil, de retarder la nuit et de prolonger le jour.
Voici apparaître un ange qui souvent parlait avec
l'empereur et qui lui donne rapidement cet ordre:
10 «Charles, à cheval! car le jour ne te fera point défaut.
Tu as perdu la fleur de la France, Dieu le sait; tu peux
te venger de cette race criminelle.» A ces mots l'empereur remonte à cheval.   AOI

*Charles prie Dieu qu'il
arrête le soleil.*

⚘ **180** ⚘

Dieu fait pour Charlemagne un bien grand miracle,
car le soleil s'est arrêté immobile. Les païens s'enfuient,
mais les Français les poursuivent; au Val-Ténèbres ils
les atteignent et à grands coups les chassent vers Sara-
5 gosse, leur donnant impitoyablement la mort, et leur
coupant les routes et les principaux chemins. Devant
eux est le cours de l'Ebre, fleuve profond, merveilleux et rapide, où il n'y a ni bateaux, ni barques, ni
chalands.[4] Alors les païens invoquent Tervagant,
10 un de leurs dieux, puis sautent dans le fleuve, mais
ils n'y trouvent point leur salut. Les mieux armés
sont les plus pesants; plusieurs coulent au fond, d'autres vont flottant au courant de l'eau. Les plus heureux
y boivent rudement. Tous périssent, noyés dans des

*Le soleil s'arrête et les
Français rattrapent les
Sarrasins. Les Sarrasins
sont tués ou se noient dans
l'Ebre.*

---

[4] *chaland:* bateau à fond plat pour le transport des marchandises.

15 angoisses épouvantables. Alors les Français s'écrient:
«C'est pour votre malheur que vous avez rencontré
Roland!»

⚘ 181 ⚘

Les Francs campent sur le
bord de l'Ebre.

Quand Charles voit que tous les païens sont morts,
les uns tués, les autres noyés—ce qui vaut un riche
butin à ses chevaliers—le noble roi descend de son
cheval et se prosterne pour rendre grâces à Dieu.
5 Quand il se relève, le soleil est couché. «C'est l'heure,»
dit l'empereur, «de songer au campement, car il est
trop tard pour retourner à Roncevaux. Nos chevaux
sont las et épuisés. Otez-leur la selle et le frein, et
laissez-les se rafraîchir dans ces prés.» «Sire,» répon-
10 dent les Français, «vous dites bien.»   AOI

⚘ 182 ⚘

Les Français font reposer
leurs chevaux et se reposent
à leur tour.

L'empereur a pris ses quartiers dans le pays désert.
Les Français mettent pied à terre. Ils enlèvent à leurs
chevaux les selles ainsi que les freins d'or, qu'ils
laissent pendre à leurs cous. Puis ils les envoient paître
5 dans les prés où abonde l'herbe fraîche, car ils ne savent
pas leur donner d'autres soins. Qui est bien fatigué,
celui-là s'endort contre terre, et pour cette nuit il n'y
a pas de sentinelles.

⚘ 183 ⚘

Charles dort armé de
pied en cap.

L'empereur s'est couché dans un pré; il a posé sa
grande lance près de sa tête, car le brave ne veut pas
cette nuit quitter ses armes. Il est vêtu de son haubert

blanc à franges et il porte son heaume ciselé d'or. Il
5 a ceint Joyeuse, cette épée qui n'eut jamais sa pareille,
et qui chaque jour change trente fois de reflet. On a
assez parlé de la lance dont Notre-Seigneur fut percé
sur la croix ; grâce à Dieu, Charles en possède le fer,
et l'a fait mettre dans la poignée d'or, et c'est pour cet
10 honneur et pour cette vertu que le nom de Joyeuse fut
donné à l'épée. Les barons français ne doivent pas
l'oublier, car c'est de là qu'ils ont tiré leur cri de «Monjoie !», et c'est pour cela qu'aucune nation ne peut leur
tenir tête.

❧ 184 ❧

Comme la nuit est claire et la lune brillante ! Charles
est couché, mais il éprouve une vive douleur de la
perte de Roland ainsi que d'Olivier et des douze pairs,
et de tous les Français qu'il a laissés morts à Ronce-
5 vaux. Il ne peut s'empêcher d'en pleurer et de s'en
désoler, et prie Dieu de sauver ces âmes. Mais le roi
est fatigué, car il a eu tant de peine ; il n'en peut plus
et il finit par s'endormir. Par tous les prés à présent,
les Français dorment ; pas un cheval qui puisse se
10 tenir debout ; s'il veut de l'herbe, il la broute[5] couché,
car qui a bien souffert, celui-là a beaucoup appris.

Fatigués, les Français dorment.

❧ 185 ❧

Charles s'endort donc comme un homme accablé
de fatigue, lorsque Dieu envoie saint Gabriel et lui
commet la garde de l'empereur. L'ange passe toute la
nuit avec le roi, et dans un songe lui annonce qu'il
5 y aura contre lui une bataille, lui faisant voir des signes

Dans son rêve Charles voit un grand nombre d'animaux féroces, entre autres un lion qui symbolise Baligant, le maître de tout l'Islam.

---

[5] *brouter :* manger de l'herbe.

bien sinistres. Charles regarde vers le ciel, et voit entremêlés les tonnerres, les vents, les gelées,[6] les orages, les effroyables tempêtes, ainsi que les feux et les flammes qui les accompagnent, et soudain tout cela fond sur son

10 armée. Les lances de frêne ou de pommier s'enflamment et les écus brûlent jusqu'aux boucles d'or pur. Le bois des épieux tranchants éclate, et même les haubers et les heaumes d'acier grincent. Charles voit ses chevaliers en grand danger; des ours, des léopards veulent les

15 dévorer; puis des serpents et des vipères, des dragons et des démons, et des griffons[7]—il y en a plus de trente mille—dont il n'est pas un qui ne se jette sur les Français. «Au secours, Charlemagne!» s'écrient-ils. Le roi, ému de douleur et de pitié, veut y courir, mais voici l'ob-

20 stacle: du fond d'une forêt s'avance vers lui un grand lion, terrible, respirant l'orgueil et la férocité, et qui s'attaque au corps même du roi. Alors ils s'étreignent tous deux pour lutter, mais on ne sait lequel des deux sera vainqueur. L'empereur ne se reveille point.

⚜ 186 ⚜

Charlemagne rêve du juge-
ment de Ganelon.

Après ce songe Charles en a un autre. Il rêve qu'il est en France, à Aix, sur un perron, tenant un ours attaché par une double chaîne, lorsque du côté des Ardennes, il voit venir trente ours qui parlent chacun

5 comme un homme et qui lui disent: «Sire, rendez-le nous; il n'est pas juste de le retenir plus longtemps. C'est notre parent, nous devons le secourir.» Mais du palais un lévrier accourt au milieu des ours et en attaque le plus grand sur l'herbe verte auprès de ses

10 compagnons. Alors le roi observe un merveilleux com-

---

[6] *gelée*: abaissement de la température à la suite duquel l'eau se transforme en glace.

[7] *griffon*: animal fabuleux.

bat; mais il ne saurait reconnaître ni le vainqueur ni le vaincu. Voilà ce que l'ange de Dieu a fait voir au baron. Et Charles dort jusqu'au lendemain au grand jour.

𝒳 187 𝒳

Le roi Marsile s'enfuit à Saragosse, où il met pied à terre à l'ombre d'un olivier et remet à ses valets son épée, son heaume et son haubert. Alors il se couche piteusement sur l'herbe verte, car il a tout à fait perdu
5 la main droite, et à cause de la perte de sang et de la douleur il s'est évanoui. Voici devant lui sa femme Bramimonde qui pleure et crie et se désole amèrement. Ils sont bien plus de mille hommes qui maudissent Charles et la douce France. Ils courent dans une grot-
10 te où est leur dieu Apollon, le querellent, l'accablent d'injures. «Quoi! méchant dieu! pourquoi nous fais-tu telle honte? Marsile, notre roi, pourquoi te laisse-tu vaincre? Pourquoi traiter si mal ceux qui te servent si bien?» Alors ils enlèvent à Apollon son sceptre et
15 sa couronne, et le pendent par les mains à un pilier. Puis à leurs pieds, par terre, ils le foulent et lui donnent de grands coups de bâton et le mettent en morceaux. Ils enlèvent aussi à Tervagant son escarboucle, et quant à Mahomet, ils le jettent dans un fossé, où les
20 porcs et les chiens le mordent et le foulent.

Après le retour de Mar-sile vaincu, les Sarrasins de Saragosse profanent leurs idoles.

𝒳 188 𝒳

Marsile est revenu de son évanouissement. Il s'est fait porter dans sa chambre voûtée[8] où il y a des inscrip-

Bramimonde pleure la défaite et la blessure de Marsile.

---

[8] *voûté:* «vaulted».

tions et des peintures de toutes couleurs. Là, la reine
Bramimonde pleure sur son mari et s'arrache les
5   cheveux; à plusieurs reprises elle s'appelle malheureuse, et enfin s'écrie avec violence: «Ah! Saragosse,
comme te voilà aujourd'hui privée du noble roi qui
t'avait sous sa tutelle! Nos dieux sont des félons qui
lui ont fait défaut dans la bataille ce matin. L'émir se
10 conduira lâchement s'il ne combat contre cette race
hardie d'hommes qui sont assez fiers pour ne faire
aucun cas de leur vie. Leur empereur à la barbe fleurie
est bien brave et bien téméraire; si l'on se bat, il ne
s'enfuira point. Quel malheur qu'il n'y ait personne
15 pour le tuer!»

⚘ 189 ⚘

Baligant, suzerain de Mar-
sile et maître de tout l'Islam,
arrive pour lui donner son
aide.

L'empereur par sa grande puissance est demeuré
en Espagne pendant sept années. Il y a pris châteaux
et nombre de villes. Le roi Marsile en était fort tourmenté et, dès la première année, il fit sceller des let-
5   tres qu'il envoya au souverain de Babylone, Baligant.
C'est l'émir, le vieux de l'antiquité, qui dépasse en
vieillesse Virgile et Homère. Il doit venir pour secourir
le roi à Saragosse, et s'il ne le fait, lui, Marsile, aban-
donnera ses dieux ainsi que toutes les idoles qu'il
10 avait coutume d'adorer, recevra la sainte loi chrétienne,
et fera sa paix avec Charlemagne. Mais l'émir est loin,
et il a longtemps tardé à venir. D'abord il avait con-
voqué ses gens de quarante royaumes; il a fait apprêter
ses grands navires, barques, esquifs,[9] galères et vais-
15 seaux, et c'est au port d'Alexandrie qu'il a fait assem-
bler toute sa flotte. C'est en mai, le premier jour
d'été, qu'il a lancé sur mer toutes ses forces.

---

[9] *esquif:* frêle et petit bateau.

❧ 190 ❧

Grandes sont les armées de cette race ennemie ! Ils navi-
guent rapidement en se dirigeant bien. Au haut des
mâts et sur les longues vergues[10] brillent bien des feux
et bien des lanternes, qui projettent de là-haut une
5 telle lumière qu'au milieu de la nuit la mer paraît
plus belle encore. Quand les païens approchent de la
terre d'Espagne, tout le pays en devient éclatant de
lumière. La nouvelle en arrive jusqu'à Marsile. AOI

Les bateaux des infidèles sont si nombreux que leurs feux illuminent la nuit.

❧ 191 ❧

L'armée païenne ne veut prendre aucun repos. Elle
quitte la mer et entre dans les eaux douces,[11] laissant
derrière elle Marbrise et Marbruse, et tous les vais-
seaux remontent le cours de l'Ebre. Il y a tant de
5 lanternes et tant de feux que, pendant toute la nuit,
ils jettent tout autour une immense clarté. Le jour
même les païens arrivent à Saragosse.   AOI

La flotte païenne remonte l'Ebre.

❧ 192 ❧

Clair est le jour et le soleil brillant. L'émir sort de son
vaisseau. Espaneliz marche à sa droite et dix-sept rois
le suivent, et quant aux comtes et aux ducs qui viennent après, on n'en sait pas le nombre. A l'ombre
5 d'un laurier, au milieu d'un champ, on jette un tapis
blanc sur l'herbe verte, et on y pose un trône d'ivoire.

Baligant débarque et promet de tuer ou de capturer Charles.

---

[10] *vergue :* long morceau de bois placé en travers d'un mât et
destiné à soutenir la voile.
[11] *douce :* ici, non salé.

Le païen Baligant s'y assied, tandis que tous les autres restent debout. C'est le seigneur qui parle le premier : «Ecoutez-moi, maintenant, nobles et braves chevaliers ;
10 le roi Charles, l'empereur des Français, ne doit manger si je ne le lui permets. Il m'a fait une guerre terrible par toute l'Espagne, et je veux le poursuivre jusqu'en France. D'ailleurs, je ne m'arrêterai de ma vie qu'il ne soit mort ou livré tout vif.» Et de son gant droit, il
15 frappe son genou.

⚜ 193 ⚜

Baligant envoie des mes-
sagers à Marsile et le somme
de lui faire hommage.

Après avoir dit cela, il se promet que, pour tout l'or du monde, il ne renoncerait pas au dessein d'aller à Aix, où Charles donne audience. Ses gens l'approu-vent et lui donnent même conseil. Alors il appelle
5 deux de ses chevaliers, l'un Clarifan et l'autre Clarien. «Vous êtes les fils du roi Maltraïen,» leur dit-il, «qui faisait volontiers de tels messages. Je vous ordonne d'aller à Saragosse. Annoncez de ma part à Marsile que je suis venu pour l'aider contre les Français. Si
10 je trouve leur armée, il y aura une fameuse bataille. Donnez-lui en gage ce gant brodé d'or que vous lui ferez mettre au poing droit, et portez-lui aussi ce bâton d'or pur, et dites-lui de venir me rendre hom-mage. J'irai en France pour faire la guerre à Charles,
15 et s'il ne se prosterne à mes pieds pour me demander grâce, et s'il n'abandonne pas la foi chrétienne, je lui enlèverai la couronne de la tête.» «Sire,» s'écrient les païens, «c'est très bien dit.»

⚜ 194 ⚜

Les messagers de Baligant
arrivent à Saragosse où ils

«Et maintenant, à cheval, barons !» dit Baligant. «Que l'un porte le gant, l'autre le bâton.» Ceux-ci

répondent : «Ainsi ferons-nous, cher seigneur.» A
force de presser leurs chevaux, les voilà à Saragosse.

apprennent la nouvelle de la défaite.

5 Ils passent dix portes, traversent quatre ponts et toutes
les rues où demeurent les bourgeois. Quand ils approchent de la partie élevée de la ville, ils entendent du
côté du palais une grande rumeur. C'est une foule de
païens, qui pleurent, qui crient, et qui se désespèrent,
10 se plaignant de leurs dieux Tervagant, Mahomet et
Apollon, qui les ont abandonnés. «Malheureux,» se
disent-ils les uns aux autres, «qu'allons-nous devenir ?
La ruine est descendue sur nous, car nous avons perdu
le roi Marsile, dont le comte Roland hier a tranché la
15 main droite. Nous n'avons plus le blond Jurfaleu,
son fils. Toute l'Espagne est aujourd'hui à la merci
des chrétiens.» Là-dessus, les deux messagers descendent au perron.

❦ 195 ❧

Ils laissent leurs chevaux sous un olivier, et deux
Sarrasins les tiennent par les rênes. Les messagers, se
tenant par leurs manteaux, montent au très haut
palais. Quand ils entrent dans la chambre voûtée,

Bramimonde informe les messagers de la défaite.

5 ils font un salut malencontreux[12] à Marsile : «Que
Mahomet qui nous a en sa puissance, et Tervagant et
Apollon, nos sires, sauvent le roi et gardent la reine !»
«Les folles paroles !» s'écrie Bramimonde. «Ces
dieux ne sont que des lâches et n'ont fait à Roncevaux
10 que de mauvaise besogne, cars ils ont laissé tuer nos
chevaliers, et ont abandonné au milieu de la bataille
mon seigneur qui a perdu la main droite, que lui a
tranchée le puissant comte Roland. Charles aura toute
l'Espagne entre les mains. Que deviendrai-je, mal-
15 heureuse que je suis ? Hélas ! Que n'ai-je personne qui
me tue !»   AOI

---

12 *malencontreux :* qui survient à contretemps, mal à propos.

⚜ 196 ⚜

Bramimonde apprend aux messagers que Charles est proche.

«Madame,» dit Clarien, «ne dites pas cela. Nous sommes les messagers du païen Baligant, qui sera, dit-il, le défenseur de Marsile. Voici son gant et son bâton qu'il lui envoie pour gage. Nous avons sur l'Ebre
5 quatre mille chalands, barques, esquifs et galères rapides, et des navires, je ne sais combien. L'émir est riche et puissant; il ira chercher Charlemagne jusqu'en France, où il compte le mettre à mort ou lui faire demander grâce.» «Oh!» dit Bramimonde,
10 «pourquoi irait-il si loin? Vous pourrez trouver les Français plus près d'ici, car ils sont en ce pays déjà depuis sept ans. Leur empereur est vaillant et batailleur, et il aimerait mieux mourir que de s'enfuir du champ de bataille. Il n'est roi sous le ciel dont il fasse
15 plus de cas que d'un enfant. Charles ne craint âme qui vive.»

⚜ 197 ⚜

Marsile veut rendre à Baligant son fief d'Espagne.

«Laissez tout cela,» dit le roi Marsile à la reine. «Seigneurs,» dit-il aux messagers, «c'est à moi qu'il faut parler. Vous voyez que je suis en mortelle détresse; je n'ai ni fils, ni fille, ni héritier. J'en avais un, mais
5 il a été tué hier soir. Dites donc à mon seigneur de venir me voir, car l'émir a des droits sur l'Espagne; je la lui cède, s'il veut l'avoir. Qu'il la défende ensuite contre les Français. Je lui donnerai un bon conseil à l'égard de Charlemagne, et d'ici à un mois il l'aura
10 vaincu. Vous lui porterez les clefs de Saragosse; dites-lui de ne pas s'éloigner, s'il m'en croit.» Les messagers répondent: «Sire, vous dites vrai.»   AOI

⚜ 198 ⚜

«Charles, l'empereur,» continua Marsile, «a tué
mes gens et pillé ma terre, forcé et démantelé[13] mes
villes. Cette nuit il se campe au bord de l'Ebre, à pas
plus de sept lieues d'ici; je les a bien comptées. Dites
5 à l'émir d'y mener son armée, et faites-lui savoir de
ma part qu'il doit lui livrer bataille.» Alors, Marsile
leur remet les clefs de Saragosse. Les deux messagers
s'inclinent, prennent congé, puis ils s'en retournent.

*Marsile envoie les clefs de
Saragosse à Baligant et lui
demande d'attaquer Charles.*

⚜ 199 ⚜

Les deux messagers sont remontés à cheval, et sortent
promptement de la ville. Tout effrayés, ils vont trouver l'émir et lui présentent les clefs de Saragosse.
«En bien,» dit Baligant, «qu'avez-vous trouvé là-
5 bas? Où est Marsile que j'avais envoyé chercher?»
«Il est blessé à mort,» répond Clarien. «L'empereur
est passé hier aux défilés, car il voulait retourner dans
sa douce France, et il se fit suivre d'une arrière-garde
d'honneur où demeura le comte Roland, son neveu,
10 avec Olivier et les douze pairs et vingt mille Français,
chevaliers de France. Le vaillant roi Marsile leur
livra combat; Roland et lui s'abordèrent sur le champ
de bataille et d'un coup terrible de sa Durendal,
Roland lui a tranché la main droite. Puis il lui a
15 tué son fils qu'il aimait tant, ainsi que les barons qu'il
avait avec lui. N'y pouvant plus tenir pied, Marsile
s'est enfui et l'empereur l'a poursuivi longtemps. Le
roi vous demande secours et vous passe son droit sur
le royaume d'Espagne.» Baligant devient alors tout

*Les messagers apportent les
clefs à Baligant et ils présentent un rapport détaillé
de la bataille à Roncevaux.*

---

[13] *démanteler*: démolir les murailles d'une ville.

20 pensif et il éprouve une telle douleur que peu s'en
faut[14] qu'il n'en devienne fou.   AOI

⚘ 200 ⚘

En apprenant le résultat de la bataille et la présence de Charles, Baligant donne l'ordre à son armée d'avancer.

«Seigneur émir,» dit encore Clarien, «il y a eu hier
une bataille à Roncevaux. Roland et Olivier y sont
morts, et les douze pairs que Charles aimait tant, et
avec eux vingt mille Français. Le roi Marsile y a
5 perdu la main droite et l'empereur l'a poursuivi
avec ardeur. En ce pays il ne reste chevalier qui ne
soit tué ou noyé dans l'Ebre. Les Français sont campés
sur la rive et ils se sont tant approchés de nous que, si
vous le voulez, leur retraite sera désastreuse.» A
10 ces mots, les yeux de Baligant brillent d'ardeur et il
sent la joie au fond du cœur. Il se lève de son trône
et, se redressant, il s'écrie: «Barons, point de retard,
sortez des navires, à cheval, et en avant! Si le vieux
Charlemagne ne s'enfuit, le roi Marsile sera vengé
15 aujourd'hui, car pour la main droite qu'il a perdue,
je lui livrerai la tête de l'empereur.»

⚘ 201 ⚘

Baligant place son armée sous le commandement de Gemalfin tandis qu'il va rendre visite à Marsile.

Les païens d'Arabie sont sortis de leurs navires, et
puis ils sont montés sur leurs chevaux et leurs mulets.
Les voilà qui s'avancent au plus vite—comment
pourraient-ils mieux faire? L'émir, qui les a tous mis
5 en branle, appelle son favori Gemalfin: «Je te confie
le commandement de toute mon armée.» Puis Baligant
monte sur son destrier brun, et avec lui il emmène quatre ducs, et sans s'arrêter il poursuit son chemin

---

[14] *peu s'en faut:* presque.

jusqu'à Saragosse. Il descend au perron de marbre,
10 et quatre comtes lui tiennent l'étrier. Il monte les
degrés du palais, et Bramimonde s'élance au‿devant
de lui en lui disant: «Ah! malheureuse, misérable que
je suis! J'ai eu la honte de perdre mon seigneur!»
Elle tombe aux pieds de l'émir qui la relève. Et, en
15 grande douleur, tous deux montent à la chambre du
roi Marsile.   AOI

✹ 202 ✹

Dès que Marsile aperçoit Baligant, il appelle deux
Sarrasins espagnols: «Prenez‿moi à bras et redressez‿
moi sur mon séant.»[15] De sa main gauche, il a pris un
de ses gants: «Seigneur roi amiral,» dit‿il à l'émir,
5 «je vous remets ici toute ma terre, et Saragosse et le
domaine qui en dépend. Je me suis perdu, et avec
moi tout mon peuple.» L'émir répond: «J'en suis
d'autant plus triste. Je ne puis parler longuement
avec vous, car je sais Charles ne m'attendra point.
10 Cependant, je reçois le gant que vous m'offrez.»
Et tout en larmes, à cause de sa vive douleur, il se
retire. Il descend les degrés du palais, monte au cheval,
court au galop au‿devant de ses troupes qu'il dépasse,
et de temps en temps il leur jette ce cri: «En avant,
païens! Déjà les Français s'enfuient.»   AOI

Après avoir accepté le gant de Marsile, symbole de son fief, Baligant rejoint son armée.

✹ 203 ✹

Le matin, quand l'aube perce à peine, l'empereur
Charles s'éveille. Saint Gabriel, à qui Dieu l'a confié,
lève la main et fait sur lui le signe de la croix. Alors

Charlemagne rentre à Ron‿cevaux.

---

[15] *séant:* derrière de l'homme.

le roi se lève et laisse là ses armes, et tous les autres
5 dans l'armée se désarment comme lui. Puis ils montent à cheval, et rapidement ils s'avancent par ces
larges routes et ces longs chemins. Ils vont voir le
prodigieux désastre de Roncevaux, la où fut la bataille.   AOI

❧ **204** ❧

Charles sait où il trouvera
le corps de Roland.

Charles est arrivé à Roncevaux. A la vue des morts, il
pleure et il dit aux Français : «Seigneurs, allez au
pas, car il faut que j'aille seul en avant dans l'espoir
de trouver mon neveu. J'étais un jour à Aix à une
5 fête annuelle. Là, mes vaillants chevaliers se vantaient
de grandes batailles et de leurs rudes et forts combats.
J'ai entendu Roland tenir ce propos que, s'il mourait
en pays étranger, il serait en avant de ses soldats et de
ses pairs, et qu'il aurait la tête tournée vers le pays en-
10 nemi—le brave !—pour finir en conquérant.» Un peu
plus loin qu'on ne peut lancer un bâton, Charles va
devant les autres et monte sur une colline.

❧ **205** ❧

Charles embrasse le corps
de Roland.

En allant à la recherche de son neveu, l'empereur
trouve les fleurs et le gazon du pré tout rouges du sang
de nos barons. Il en est tout ému et il ne peut retenir
ses larmes. Il arrive tout en haut sous les deux arbres,
5 et sur les trois blocs de pierre il reconnaît les coups de
Roland et voit son neveu étendu sur l'herbe verte. Il
ne faut pas s'étonner si Charles frémit de colère. Il
descend de cheval, s'élance vers Roland, le prend
entre ses deux bras, et dans sa douleur s'évanouit
10 sur lui.

⚘ 206 ⚘

L'empereur revient de sa pâmoison. Le duc Naimes, le comte Acelin, Geoffroi d'Anjou et son frère Tierri soutiennent le roi et le redressent sous un pin. Il regarde à terre où il voit son neveu étendu et il se met à
5 lui faire ses adieux avec une vive tendresse. «Ami Roland, Dieu ait pitié de toi! Jamais on n'a vu un tel chevalier pour engager et finir les grandes batailles. Ah! mon honneur penche vers sa fin.» Et de nouveau Charles tombe évanoui; il ne peut s'en empêcher.

AOI

Charles commence de pleurer la mort de Roland.

⚘ 207 ⚘

Le roi Charles revient de sa défaillance; ses quatres barons le soutiennent dans leurs bras. Il regarde à terre son neveu étendu, son corps est encore beau mais il a perdu sa couleur, les yeux sont tournés et remplis
5 de ténèbres. Charles le plaint en toute foi et en tout amour: «Ami Roland, que Dieu mette ton âme dans les fleurs du paradis parmi ses glorieux saints! Quel malheur que tu sois venu en Espagne! Jamais plus il ne se passera un seul jour que je ne te pleure.
5 Ah! comme ma force et mon courage vont tomber maintenant! Je n'aurai personne pour défendre mon honneur. Il me semble n'avoir sur terre un seul ami. Si j'ai des parents, je n'en ai nul si brave.» Alors Charles tire ses cheveux à pleines mains, et cent mille Fran-
10 çais en ont une si vive douleur qu'il n'y en a pas un qui ne pleure amèrement.

AOI

Charles poursuit ses lamen-tations.

⚜ 208 ⚜

Les lamentations continuent.

«Ami Roland, je vais retourner en France, et quand je serai dans mon domaine à Laon, des étrangers vien‑dront de maints pays me demander: 'Où est le comte capitaine?' Il me faudra leur dire qu'il est mort en Espagne. Je ne pourrai désormais gouverner mon royaume qu'en grande douleur, et il ne se passera pas de jour que je ne pleure et ne me plaigne.»

⚜ 209 ⚜

Les lamentations conti‑nuent. Charles craint l'avenir.

«Ami Roland, brave et beau jeune homme, quand je serai dans ma chapelle d'Aix, les gens viendront demander de tes nouvelles. Je leur en donnerai d'é‑tranges et de cruelles: 'Mon neveu est mort, celui qui m'a fait tant de conquêtes.' Alors contre moi se révol‑teront les Saxons, et les Hongrois, et les Bulgares et tant de races hostiles, les Romains, les gens de la Pouille, et tous ceux de Palerme, et ceux d'Afrique et de Califerne. Mes peines et mes souffrances augmen‑teront de jour en jour. Qui saura guider mes armées avec une pareille autorité, quand celui‑là est mort qui tous les jours nous conduisait? Hélas! ma douce France, comme te voilà abandonnée! J'ai une si grande douleur que je voudrais être mort!» Il commence à s'arracher la barbe blanche et à tirer à deux mains les cheveux de sa tête. A cette vue, cent mille Français tombent à terre sans connaissance.

⚜ 210 ⚜

Charles voudrait mourir avec Roland et ses autres compagnons.

«Ami Roland, que Dieu te fasse merci! Que ton âme soit acceptée en paradis! Celui qui t'a tué a déshonoré la douce France; et moi, j'ai une telle

douleur que je ne voudrais survivre à mon arrière-
5 garde qui a péri pour moi. Que Dieu, fils de sainte
Marie, m'accorde, avant que je n'arrive aux grands
défilés de Cize, que mon âme soit aujourd'hui séparée
de mon corps et qu'elle aille rejoindre celles de mes
amis, tandis que ma chair sera enterrée à côté de la
10 leur.» Les larmes coulent de ses yeux et il arrache sa
barbe blanche. Le duc Naimes dit : «Charles a une
profonde douleur.»

❧ 211 ❧

«Sire empereur,» dit Geoffroi d'Anjou, «ne vous
laissez pas aller à si forte douleur. Faites chercher par
tout le champ de bataille les nôtres que les païens
d'Espagne ont tués, et donnez l'ordre qu'on les mette
5 en terre.» «Sonnez votre cor,» lui répond le roi.

AOI

Geoffroi propose que les corps des Francs soient recueillis.

❧ 212 ❧

Geoffroi d'Anjou a sonné son cor, et sur l'ordre de
Charles les Français descendent de cheval. Tous
leurs amis qu'ils ont trouvés morts, ils les portent dans
un même lieu. Il y avait bon nombre d'évêques,
5 d'abbés, de chanoines,[16] de prêtres tonsurés.[17] A tous
ces morts ils donnent l'absoute[18] et les bénissent au
nom de Dieu. Puis ils allument de la myrrhe et des
parfums, et ils les encensent tous convenablement ;
enfin ils les enterrent en grand honneur et les quittent.
10 Que pourrait-on leur faire de plus ?

AOI

Les Francs morts sont recueillis, bénis et enterrés avec honneur.

---

[16] *chanoine :* dignitaire ecclésiastique.

[17] *tonsuré :* (moine ou prêtre) qui a reçu la *tonsure*, la cérémonie qui marque l'entrée d'un laïque dans l'état ecclésiastique en lui coupant les cheveux sur le sommet de la tête.

[18] *absoute :* remission des péchés, absolution.

⚜ 213 ⚜

Les cœurs de Roland,
Turpin et Olivier sont
séparés des corps et placés
dans un sarcophage. Leurs
corps seront embaumés.

De Roland et d'Olivier et de l'archevêque Turpin, l'empereur en dispose autrement. Il les fait ouvrir devant lui et fait déposer leurs cœurs dans un drap de soie. Puis on les met dans de blancs sarcophages
5 de marbre. Ensuite on prend les corps des trois barons et on les enveloppe dans des peaux de cerf, après les avoir bien lavés avec du piment[19] et du vin. Le roi commande à Thibaut et à Gébouin, au comte Milon et au marquis Oton de conduire sur trois charret-
10 tes[20] les corps bien couverts d'un beau drap de soie.

                                                                          AOI

BATAILLE CONTRE BALIGANT

⚜ 214 ⚜

Charles est sur le point
de partir pour la France
quand les ambassadeurs de
Baligant lancent un défi.

Au moment où Charles se dispose à partir, tout à coup apparaissent les avant-gardes des païens, et deux messagers, avant-coureurs, lui annoncent la bataille de l'émir: «Roi orgueilleux, tu n'agis pas
5 avec honneur en partant ainsi. Voici Baligant qui court après toi et qui amène d'Arabie de grandes armées; nous allons voir aujourd'hui si tu as du courage.» Le roi Charles s'arrache la barbe au souvenir de sa douleur et du désastre. Puis il jette un regard
10 fier sur toute son armée et d'une voix très haute et très forte s'écrie: «A cheval, barons français! A cheval, et aux armes!»   AOI

---

[19] *piment:* une épice.
[20] *charrette:* voiture de charge à deux roues.

215

L'empereur est le premier à s'armer; vivement il
revêt son haubert, lace son heaume, et ceint Joyeuse
dont les feux d'or rayonnent comme un soleil. Puis
à son cou il suspend un écu de Biterne, saisit sa lance
5 et la brandit, et monte sur son bon cheval Tencendor
qu'il a conquis aux gués[21] sous Marsonne quand il
tua Malpalin de Narbonne. Charles lui lâche les
rênes et le lance à coups d'éperons, et devant cent
mille hommes prend son élan, invoquant Dieu et
10 l'apôtre de Rome.   AOI

*Charles s'arme, empoigne
son épée Joyeuse, monte son
coursier Tencendor, et
fait une prière à Dieu et
à saint Pierre.*

216

Les Français mettent pied à terre par tout le champ;
et plus de cent mille hommes s'arment à la fois. Ils
sont bien pourvus de tout à leur gré, de chevaux rapides
et d'armes superbes. Les voilà qui montent en selle
5 et qui manœuvrent savamment. S'ils trouvent l'ennemi, certes ils lui livreront bataille. Leurs bannières
s'agitent sur leurs heaumes, et lorsque Charles voit
leur contenance fière, il appelle Josseran de Provence,
le duc Naimes et Antelme de Mayence, et leur dit:
10 «Qui n'aurait confiance en de tels soldats? Déses-
pérer au milieu d'eux serait folie. A moins que les
Arabes ne renoncent pas à avancer, à mon avis ils
payeront cher la mort de Roland.» «Que Dieu le
veuille!» lui répond le duc Naimes.   AOI

*Tous les Francs s'arment
et montent à chevel. Charles
prononce ses propres louanges*

---

[21] *gué:* endroit dans une rivière où l'on peut passer sans nager.

❧ 217 ❧

Charles confie à Rabel et Guineman le commande^ ment de la première colonne, tandis que Gébouin et Lau^ rent sont placés à la tête de la deuxième.

Charles appelle Rabel et Guineman: «Voici,» leur dit le roi, «ce que je vous commande: Rem^ placez Olivier et Roland; que l'un porte l'épée et l'autre le cor; avancez en tête de l'armée au premier
5 rang, et prenez avec vous quinze mille Français, tous jeunes et de nos plus vaillants. Après ceux^là il en viendra autant conduits par Gébouin et Laurent.» Le duc Naimes et le comte Josseran disposent comme il faut ces deux corps d'armée. S'ils rencontrent l'en^
10 nemi, il y aura une rude bataille.   AOI

❧ 218 ❧

La troisième colonne est formée de Bavarois, sous le commandement du duc Ogier de Danemark.

Ce sont les Français qui composent les deux premiè^ res colonnes. Après celles^là, on forme la troisième avec les bons guerriers de la Bavière[22] qui sont, à ce qu'on estime, au nombre de vingt mille. Certes,
5 ce ne seront pas eux qui abandonneront la bataille, car il n'est sous le ciel race plus chère à Charlemagne, si ce n'est celle de France avec laquelle il a conquis tant de royaumes. Ce sera le comte Ogier, le brave combattant, qui les guidera, car la compagnie est
10 intrépide.   AOI

❧ 219 ❧

La quatrième colonne com^ prend les Alemans (du

L'empereur a trois colonnes. Naimes, le duc, forme la quatrième de barons d'un grand courage. Ce sont

---

[22] *Bavière:* pays autour de Munich.

des Alemans, les meilleurs de leurs marches,[23] qui,
au dire de tous les autres, sont au nombre de vingt
5 mille. Bien montés, bien armés, devant la mort ils
ne fuiront pas la bataille. C'est Hermann, le duc de
Trace, qui les conduit et qui mourra plutôt que de
faire une lâcheté.   AOI

sud-ouest de l'Allemagne)
sous le commandement du duc
Hermann.

✴ 220 ✴

Le duc Naimes et le comte Josseran ont formé de
Normands la cinquième colonne; ils sont vingt
mille, à ce que disent tous les Français. Ils ont de
belles armes et de bons chevaux rapides, et devant la
5 mort ils ne reculeront pas, car il n'est race au monde
plus terrible sur le champ de bataille. Le vieux Richard
marchera à leur tête et il frappera fort avec sa lance
tranchante.   AOI

Naimes et Josseran com-
mandent la cinquième co-
lonne formée de Normans,
avec Richard le Vieux à
leur tête.

✴ 221 ✴

La sixième colonne est composée de Bretons; ils sont
bien quarante mille chevaliers qui ont à cheval l'air
de vrais guerriers, avec leurs lances peintes et leurs bannières au vent. Leur seigneur s'appelle Eudes, mais
5 il en donne le commandement au comte Nivelon,
à Thibaut de Reims et au marquis Oton, en leur disant: «Guidez mes gens, je vous les confie.»   AOI

Les barons de Bretagne
forment la sixième colonne
sous les ordres de Nivelon,
Thibaut et Oton.

✴ 222 ✴

L'empereur a formé six colonnes. Le duc Naimes
organise la septième avec les Poitevins et les barons

Gauselme   et   Josseran
mènent la septième colonne

---

[23] *marche:* province frontière d'un empire.

formée des barons de Poitou et d'Auvergne.

d'Auvergne; ils peuvent bien être quarante mille chevaliers bien montés et bien armés. Ils sont à part
5   dans un vallon[24] au pied d'une colline. Charles les bénit de la main droite. Josseran et Gauselme seront leurs chefs.   AOI

⚜ 223 ⚜

Raimbaud et Aimon mènent la huitième colonne formée des barons de Flandres et de Frise.

Quant à la huitième colonne, Naimes la forme des Flamands et des barons de la Frise. Ils sont plus de quarante mille chevaliers; ceux-là ne lâcheront jamais pied dans le combat. «Ils feront mon service,» dit
5   le roi, «et ce sera Raimbaud, avec Aimon de Galice, qui les conduira selon les lois de la chevalerie.»   AOI

⚜ 224 ⚜

Tierri d'Argonne commande la neuvième colonne.

Aidé du comte Josseran, Naimes forme la neuvième colonne de vaillants hommes de Lorraine et de Bourgogne. Ils sont bien cinquante mille chevaliers tous armés de leurs heaumes lacés et de leurs hauberts.
5   Ils ont des lances fortes, aux hampes courtes. Si les Arabes ne renoncent pas à venir et qu'ils engagent le combat, ils en seront durement frappés. Tierri, le duc d'Argonne, va les commander.   AOI

⚜ 225 ⚜

Charlemagne marche en tête de la dixième colonne composée des capitaines français à la barbe blanche. Geoffroi porte leur étendard.

La dixième colonne est formée des barons de France. Ils sont cent mille de nos meilleurs capitaines, à la contenance fière, au corps gaillard. Ils ont la tête et la barbe blanche, et ils sont revêtus de haubers dou-

---

[24] *vallon*: petite vallée.

5 blés ; ils portent au côté des épées de France et d'Espagne ; leurs écus sont chargés de signes divers qui les
font reconnaître. Ils montent à cheval, demandant la
bataille et criant «Monjoie !» Charlemagne est avec
eux. Geoffroi d'Anjou porte l'oriflamme ;[25] c'était
10 jadis la bannière de saint Pierre et s'appelait Romaine,
nom qu'on échangea alors contre Monjoie.   AOI

✣ 226 ✣

L'empereur descend de son cheval et se prosterne sur
l'herbe verte, le visage tourné vers le soleil levant, et
du fond de son cœur il invoque l'aide de Dieu.
«Notre vrai père, prends en ce jour ma défense, toi
5 qui as sauvé Jonas quand il était dans le corps de la
baleine, et qui as épargné le roi de Ninive, toi qui as
sauvé Daniel de cet effroyable supplice quand il était
dans la fosse aux lions, ainsi que les trois enfants dans
la fournaise[26] ardente, que ton amour m'assiste au-
10 jourd'hui. Accorde-moi, s'il te plaît, par ta grâce,
que je puisse venger mon neveu Roland.»

Quand le roi a fini sa prière, il se relève et fait sur
son front un grand signe de croix. Puis il monte
sur son cheval rapide ; Naimes et Josseran lui tien-
15 nent l'étrier. Il saisit sa lance tranchante et son écu,
et, le corps noble, gaillard et avenant, le visage clair,
et de bonne mine, il s'avance avec grande assurance.
Et les clairons de sonner et derrière et devant ; mais
par-dessus tout, le cor de Roland se fait entendre. Les
20 Français, touchés, pleurent en l'entendant.

Charles met pied à terre pour prier.

✣ 227 ✣

L'empereur s'avance avec grâce et noblesse. Il a laissé
flotter sa barbe sur son haubert, et par amour pour lui

A l'instar de Charles, les cent mille barons de sa

[25] *oriflamme :* ancienne bannière des rois de France.
[26] *fournaise :* grand four.

colonne portent leur barbe en dehors de leur armure. Les messagers de Baligant annon⁄ cent que la bataille va com⁄ mencer.

tous les autres en font autant. A ce signe, on reconnaît les cent mille Français. Ils franchissent ces pics et ces 5 roches si hautes ; ils traversent ces vallées profondes et ces gorges sinistres. Les voilà enfin hors de ces passages et de ces lieux déserts, et en marche vers l'Espagne. Ils font halte au milieu d'une plaine.

Les éclaireurs[27] de Baligant reviennent vers lui, 10 et un Syrien lui rend compte de son expédition : «Nous avons vu,» dit⁄il, «l'orgueilleux roi Charles. Ces hommes sont fiers et certes ne l'abandonneront pas. Armez⁄vous, car vous aurez bientôt bataille.» Baligant s'écrie : «Voici l'heure du courage ; sonnez les clairons, 15 que mes païens le sachent.»

⁄⁄ 228 ⁄⁄

Baligant et ses Sarrasins se préparent à la bataille.

A l'instant le son des tambours, des trompettes et des clairons retentit dans toute l'armée. Les païens de⁄ scendent de cheval pour s'armer. L'émir ne veut point être en retard ; il met son haubert aux pans brodés, 5 lace son heaume orné de pierreries ; puis il s'attache au côté gauche son épée, à laquelle, par orgueil, il a donné un nom, à cause de celle de Charles dont il a entendu parler : il appelle la sienne Précieuse, et ce mot est son cri sur le champ de bataille. Il le fait crier 10 par ses chevaliers. A son cou il pend son grand et large écu dont la boucle est d'or et le bord garni de pierres précieuses. La courroie,[28] d'un beau satin, est ornée de rosaces.[29] Il saisit sa lance qu'il appelle Maltet, dont le bois est gros comme une massue,[30] 15 et dont le fer à lui seul ferait la charge d'un mulet. Baligant monte ensuite sur son destrier tandis que Mar⁄

---

[27] *éclaireur :* soldat envoyé en reconnaissance.
[28] *courroie :* bande de cuir.
[29] *rosace :* ornement en forme de rose.
[30] *massue :* bâton noueux.

coule d'outre-mer[31] lui tient l'étrier. Le brave émir
a le corps fait au moule,[32] le buste fort, l'enfourchure
très grande, les reins minces, les côtés solides, les
20　épaules larges et le regard très clair. Il a la mine fière,
les cheveux tout bouclés,[33] il paraît aussi blanc qu'une
fleur de lis en été. Quant au courage, il en a donné
mainte preuve. Dieu! quel baron, s'il eût été chrétien! Il pique son cheval et fait jaillir le sang tout clair.
25　Il prend son élan et franchit un fossé qui peut bien
mesurer cinquante pieds. Et les païens de s'écrier:
«En voilà un qui défendra bien nos marches! Il
n'est Français, s'il veut se mesurer avec lui, qui, bon
gré mal gré, n'y perde la vie. Charles est fou de ne pas
30　être parti.»

✹ 229 ✹

L'émir a tout à fait l'air d'un baron; il a la barbe
blanche comme une fleur, il est savant dans la loi
sarrasine, et sur le champ de bataille il est fier et superbe.
Son fils, Malprime, est aussi plein de valeur. Il est grand
5　et fort et ressemble à ses ancêtres. «Sire,» dit-il à son
père, «en avant! mais je serai bien étonné si nous
voyons Charles.» «Si,» répond Baligant, «tu le verras,
car c'est un vaillant, et plusieurs chansons de geste[34]
lui donnent de grandes louanges.[35] Mais comme il
10　n'a plus son neveu Roland, il ne pourra tenir contre
nous.»

*Baligant croit que Charles
sera incapable de se battre
sans Roland.*

---

[31] *outre-mer:* au-delà des mers.

[32] *fait au moule:* bien moulé, très beau.

[33] *bouclé:* frisé.

[34] *chansons de geste:* poèmes populaires qui célèbrent les héros na-
tionaux.

[35] *louange:* discours par lequel on élève le mérite d'une personne
ou d'une chose.

⚕ 230 ⚕

Baligant connaît bien l'ordre de la bataille des Francs. Son fils Malprime demande la permission de lancer l'attaque.

«Beau fils, Malprime,» lui dit encore Baligant, «le bon vassal Roland a été tué hier, ainsi que le preux et vaillant Olivier, les douze pairs que Charles aimait tant, et vingt mille combattants de France. De tous
5 les autres, je n'en fais aucun cas. Il est certain que l'empereur revient, car mon messager, le Syrien, m'en a donné la nouvelle. Charles a mis sa troupe en dix grands bataillons. Celui qui sonne le cor de Roland est un vrai preux; son compagnon lui répond d'un
10 son de clairon éclatant. Ils sont tous deux les premiers à la tête de quinze mille Français, de ces jeunes guerriers que Charles appelle ses enfants. Derrière eux, il y en a bien autant. Ceux-ci frapperont avec grande vigueur.» «Ah!» dit Malprime, «je vous demande
15 le privilège de frapper le premier coup.»   AOI

⚕ 231 ⚕

Baligant accède à la requête de Malprime, assigne à ses soldats leur place et promet une récompense s'ils sont victorieux.

«Mon fils Malprime,» lui répond Baligant, «tout ce que vous me demandez, je vous l'accorde. Vous irez frapper contre les Français sur l'heure. Vous emmènerez avec vous Torleu, le roi de Perse, et Dapamort,
5 le roi des Wilzes. Si vous pouvez abattre le grand orgueil des Français, je vous donnerai une partie de mon pays depuis Chériant jusqu'au Val-Marquis.» «Sire, je vous remercie,» répond Malprime. Il passe en avant et reçoit la tradition[36] symbolique de ce don. C'était
10 jadis la terre du roi Fleuri. Mais Malprime ne la vit plus jamais depuis, et n'en devint jamais possesseur.

---

[36] *tradition*: remise d'un bien meuble (symbole d'un transfert de propriété).

≥ 232 ≤

L'émir s'avance à travers tous les rangs de son armée.
Son fils, qui est très grand, le suit, ainsi que le roi
Torleu et le roi Dapamort. Ils forment bien vite leur
armée en trente grandes colonnes, car ils ont un
5 nombre prodigieux de chevaliers. La plus petite
colonne en a trente mille. La première est celle de
Butentrot, et l'autre après est formée des gens de
Micène aux têtes énormes, et le long de l'échine, ils
sont couverts de soies,[37] tout comme des porcs. La
10 troisième colonne est formée de Nubiens et de Blos;
la quatrième de Bruns et d'Esclavons; la cinquième
de Sorbres et de Sors; la sixième d'Arméniens et de
Maures; la septième des gens de Jéricho. Les Nègres
forment la huitième et les Gros la neuvième. La dixième,
15 enfin, est composée des chevaliers de Balide-la-Forte:
c'est une race qui n'a jamais voulu le bien. L'émir
jure tant qu'il peut par la puissance et le corps de
Mahomet: «Charles de France,» dit-il, «s'avance
ici comme un fou. Il y aura bataille s'il ne la refuse
20 pas, et jamais plus il ne portera couronne d'or à la
tête.»

Baligant et Malprime déploient leur armée, comprenant des Slaves, des Africains et d'autres païens.

≥ 233 ≤

Puis ils ont établi dix autres grands corps d'armée.
Le premier est formé de Chananéens horribles à
voir; ils sont venus en traversant Val-Fuit. Les Turcs
composent la seconde colonne et les Persans la troi-
5 sième. Dans la quatrième, il y a des Persans avec des
Petchenègues; la cinquième est formée de Soltras

Ils disposent aussi des païens d'Asie, des Balkans et d'autres pays exotiques.

---

[37] *soie*: ici, poil dur et raide sur le corps du sanglier et du porc.

et d'Avares; la sixième d'Ormaleus et d'Euglés; la septième de ceux de Samuel. Les hommes de Prusse composent la huitième et les Esclavons la neuvième.

10 Quant à la dixième, elle est d'Occiant la déserte; c'est une race qui n'adore pas Dieu, et jamais vous n'entendrez parler de plus félons. Ils ont la peau dure comme du fer; aussi n'ont‑ils besoin ni de heaumes ni de hauberts, et dans la bataille ils se montrent

15 acharnés et cruels.   AOI

❧ 234 ☙

L'émir forme encore dix bataillons. Dans le premier il a mis les géants de Malpruse; dans le second, les Huns; dans le troisième les Hongrois. Le quatrième est de Baldise‑la‑Longue et le cinquième du Val‑Penuse.

5 Le sixième se compose des gens de Joie et de Maruse, le septième de ceux de Leus et d'Astrimoine. Les hommes d'Argoilles forment le huitième bataillon et ceux de Clairbonne le neuvième. Enfin le dixième se compose des soldats barbus de Val‑Fonde; c'est

10 une race qui a toujours été ennemi de Dieu. La geste des Francs compte trente corps; elle est grande cette armée où tant de clairons retentissent. La voici qui s'avance. Les païens ont l'air de braves guerriers.
                                                                   AOI

❧ 235 ☙

L'émir, qui est très riche et très puissant, fait porter devant lui son dragon, les étendards de Tervagant et de Mahomet, ainsi que l'image du perfide Apollon. Dix Chananéens à cheval entourent ces idoles et

5 crient de toutes leurs forces: «Quiconque veut être

aidé par nos dieux, qu'il les prie et les serve en toute
humilité.» Les païens alors baissent la tête et le menton
et inclinent bas leurs heaumes brillants. «Misérables!»
leur crient les Français, «voici l'heure de votre mort.
10 Soyez aujourd'hui confondus! Et vous, notre Dieu,
protégez Charles, et que cette bataille soit décidée
en sa faveur.»   AOI

❧ 236 ❧

L'émir est un homme de haut savoir. Il appelle près
de lui son fils et les deux rois. «Seigneurs barons,»
leur dit-il, «votre place est à la tête de l'armée; vous
conduirez toutes mes colonnes. Cependant, je veux
5 en garder avec moi trois des meilleurs, celle des Turcs,
celle des Ormaleus, et la troisième, celle des géants de
Malpreis. Les gens d'Occiant marcheront avec moi
pour attaquer Charles et les Français. Si l'empereur se
bat avec moi, il est certain qu'il aura la tête séparée
10 du buste. Il peut être convaincu qu'il n'aura autre
sort que celui-là.»   AOI

Baligant fait avancer son avant-garde et retient la réserve.

❧ 237 ❧

Les deux armées sont grandes et les colonnes superbes.
Il n'y a entre elles ni montagne, ni vallée, ni colline,
ni forêt, ni bois, rien qui puisse les cacher l'une à
l'autre. Elles se voient bien des deux bouts de la plaine.
5 «Allons, ô peuple païen!» s'écrie Baligant. «Courez
donc chercher la bataille.» C'est Amboire d'Olo-
ferne qui porte l'enseigne, et les païens en l'aperce-
vant poussent leur cri: «Précieuse!» Les Français
répondent: «Que Dieu vous perde aujourd'hui!»
10 Et ils crient plus haut que jamais: «Monjoie!» Aus-

Les deux armées reçoivent l'ordre d'attaquer.

sitôt l'empereur fait sonner ses clairons et l'olifant, qui
se fait entendre par-dessus tout le reste. «L'armée de
Charles est belle,» se disent les païens; «ah! nous
aurons forte et rude bataille.»   AOI

❦ 238 ❧

Baligant harangue ses troupes
et les fait avancer.

Grande est la plaine et vaste le pays. On voit briller
les heaumes couverts d'or et de pierreries, et ces écus
et ces hauberts ornés de franges; partout les lances
étincellent et les enseignes s'agitent. On entend le son
5 clair des trompettes, et les fanfares de l'olifant retentissent dans l'air. L'émir alors appelle son frère Canabeu,
roi de Floredée, celui qui gouverne les possessions
jusqu'au Val-Sevrée, et lui fait remarquer les dix
échelles de Charles. «Voyez,» dit-il, «l'orgueil de
10 cette France tant célébrée. Avec quelle fierté l'empereur
s'avance à cheval; tenez, le voilà là-bas au milieu
de ces gens à barbe blanche. Ils ont étalé leurs barbes
sur leurs hauberts et elles paraissent aussi blanches
que la neige glacée. Ceux-là frapperont de bons coups
15 de lance et d'épée, et nous allons voir une bataille
rude et terrible. Jamais on n'en aura vu de pareille.»
Alors Baligant se place en avant des païens un peu
plus loin qu'on ne lance une baguette et leur crie,
prêchant d'exemple: «En avant, païens! je vous
20 montre la route.» Et brandissant le long bois de sa
lance, il en tourne le fer vers Charles.   AOI

❦ 239 ❧

Charlemagne encourage les
Français.

Lorsque Charlemagne voit l'émir, le dragon, l'enseigne
et l'étendard des païens, et les Arabes en si grand nom-

bre qu'ils couvrent toute la plaine excepté la place
qu'occupent les Français, il crie de sa voix redoutable:
5 «Barons français, vous êtes bons soldats; vous avez
combattu sur tant de champs de bataille! Voyez
ces païens; ce sont des traîtres et des lâches. A quoi
leur sert leur foi? S'ils sont en grand nombre, que
nous importe? Qui veut marcher en avant, vienne
10 avec moi.» Alors il éperonne son cheval, et Tencendor fait quatre sauts. «Comme le roi est brave!»
disent les Français. «En avant, sire! pas un de nous
vous fera défaut.»

ꙮ 240 ꙮ

Clair est le jour et le soleil brillant. Des deux côtés
les armées sont belles à voir et leurs bataillons sont
grands. Voilà déjà les premiers rangs aux prises. Le
comte Rabel et le comte Guineman lâchent les rênes
5 à leurs coursiers en les piquant avec force. Alors tous
les Français se lancent au galop et vont frapper de
leurs lances tranchantes.   AOI

*L'avant-garde française at-
taque.*

ꙮ 241 ꙮ

C'est un vaillant chevalier que le comte Rabel. Il
pique son cheval des éperons d'or fin et va frapper
Torleu, le roi de Perse. Il n'est ni écu ni haubert qui
puisse soutenir le choc. La lance dorée s'enfonce dans
5 le corps du roi païen et le renverse mort dans les
brousailles. «Que Dieu nous aide,» s'écrient les Français. «Charles a le droit pour lui; nous ne devons pas
lui faillir.»   AOI

*Rabel tue le chef de l'avant-
garde sarrasine.*

⚜ 242 ⚜

Guineman tue un autre
Sarrasin.
Guineman, de son côté, se bat contre le roi des Wilzes.
Il lui fracasse le bouclier où luisaient des fleurs peintes ;
après, il lui brise le haubert, et ensuite il lui enfonce si
bien au corps tout le drapeau au bout de sa lance, qu'il
5 l'abat mort, qu'on en pleure ou qu'on en rie. A ce
coup, les Français crient : «Frappez, barons ! Point
de retard ! Charles a pour lui le droit contre les païens.
Voilà vraiment le jugement de Dieu.»   AOI

⚜ 243 ⚜

Baligant insiste pour que
les Sarrasins aident son
fils, Malprime.
Voici Malprime, monté sur un cheval tout blanc, qui
se lance au plus épais de l'armée française, et par⁄ci
et par⁄là, il frappe et refrappe de grands coups, renver⁄
sant souvent un mort sur l'autre. Tout le premier,
5 Baligant s'écrie : «O mes barons, vous que j'ai long⁄
temps nourris,[38] voyez mon fils, comme il court après
Charles, et combien de barons il provoque au combat !
Je ne demande pas de meilleur soldat que lui. Soutenez⁄
le avec le fer de vos lances.» A ces mots, les païens
10 s'élancent en avant et frappent de rudes coups ; la
mêlée devient générale. La bataille est merveilleuse et
redoutable à ce point qu'on n'en a jamais vu de pa⁄
reille ni avant ce temps ni depuis.   AOI

⚜ 244 ⚜

Mêlée générale des deux
armées.
Les armées sont immenses et les bataillons intrépides.
Toutes les colonnes sont aux prises. Que de grands

---

[38] *nourrir*: ici, soutenir, entretenir.

coups frappent les païens! Dieu! que de lances brisées en morceaux, et de hauberts démaillés et d'écus fra-
5 cassés! Les morts et les blessés couvrent le champ de bataille. Vous eussiez vu là la terre si jonchée de cada-vres que l'herbe du champ, qui ce matin encore était toute verte, est toute rouge de sang. Cependant, l'émir fait appel aux siens: «Frappez, barons, frappez
10 sur ces chrétiens!» La bataille est si rude et si acharnée que nul n'a vu ni ne verra la pareille, et seul la mort y pourra mettre fin.   AOI

✥ 245 ✥

L'émir fait appel aux siens: «Frappez, païens! c'est pour cela que vous êtes venus. Je vous donnerai de belles femmes, des fiefs, des domaines et des terres.» «Oui,» lui répondent les païens, «nous ferons notre
5 devoir.» Puis à force de frapper avec leurs lances, ils les mettent hors de service, et alors plus de cent mille épées sont tirées. Voici une lutte douloureuse et ter-rible. Ah! qui fut là a vu une vrai bataille.   AOI

Baligant promet des récom-penses à ses hommes.

✥ 246 ✥

De son côté l'empereur exhorte ainsi ses Français: «Seigneurs barons, je vous aime et j'ai confiance en vous. Pour moi vous avez livré tant de batailles, conquis tant de royaumes[39] et renversé tant de rois!
5 Ah! je le sais bien, je vous dois récompense; ce seront des terres, de l'argent, ma vie même. Vengez vos fils, vos frères et vos héritiers tués l'autre soir à Roncevaux. Vous savez que le bon droit est pour moi contre les

Charles harangue ses trou-pes.

---

[39] *royaume:* état gouverné par un roi.

païens.» «C'est la vérité, sire,» répondent les Fran‑
10 çais. Ils sont vingt mille autour de Charles, et d'une
seule voix ils lui jurent leur foi de ne jamais lui man‑
quer, quelle que soit leur détresse, pas même devant la
mort. Aussitôt tous jouent de la lance et frappent de
l'épée. La bataille est merveilleusement acharnée.

AOI

⚜ 247 ⚜

Naimes tue Malprime.

Le baron Malprime galope toujours au milieu du
champ de bataille, faisant un grand carnage des Fran‑
çais. Mais voici que le duc Naimes le regarde d'un
œil terrible et fond sur lui d'un indomptable[40] élan.
5 Il lui brise le bord de son écu, lui enlève les deux côtés
de son haubert, lui enfonce dans le corps toute sa
bannière de couleur jaune, et l'abat raide mort entre
sept cents autres.

⚜ 248 ⚜

L'oncle de Malprime blesse
Naimes grièvement.

Alors le roi Canabeu, frère de l'émir, pique vivement
son cheval des éperons, tire son épée à poignée de
cristal, et frappe le duc Naimes au milieu de son
heaume de prince dont il fracasse la moitié, et, du
5 tranchant de son épée, il lui en coupe cinq attaches.
Le capuchon[41] ne lui vaut rien du tout, car l'acier
fend la coiffe jusqu'à la chair et en jette par terre une
pièce. Le coup est rude; le duc, tout étourdi, allait
tomber si Dieu ne l'avait soutenu. Il se cramponne[42]

---

[40] *indomptable:* qu'on ne peut vaincre.
[41] *capuchon:* vêtement de tête.
[42] *se cramponner:* s'attacher fortement.

10 au cou de son cheval. C'en serait fait du noble guerrier si le païen eût redoublé son coup. Mais voici Charles de France qui arrive à son secours.   AOI

✣ 249 ✣

Le duc Naimes est en très grande détresse, et le païen redouble d'efforts pour le frapper. «Infâme,» s'écrie Charles, «ce coup te portera malheur.» Puis, courant sur lui pour le frapper de toute sa force, il lui brise
5 son écu et le lui fracasse contre le cœur. Ensuite il rompt la partie supérieure de son haubert et l'abat mort; la selle du païen reste vide.

Charles sauve Naimes.

✣ 250 ✣

Charlemagne, le roi, éprouve la plus vive douleur quand il voit le duc Naimes blessé, dont le sang clair coule sur l'herbe verte. Alors l'empereur lui donne un bon conseil: «Beau sire Naimes, restez tout près de
5 moi. Quant à ce misérable qui vous a mis dans cet état, il est mort, car du premier coup de ma lance je lui ai traversé le corps.» «Je vous crois, sire,» répond le duc, «et si je vis encore quelque temps, vous serez bien payé.» Puis ils vont à cheval, par amour et par
10 foi, l'un à côté de l'autre. Ils ont avec eux vingt mille Français, dont il n'y a pas un seul qui ne donne de rudes coups et qui ne se batte fièrement.   AOI

Charles garde Naimes.

✣ 251 ✣

L'émir se lance à travers le champ de bataille et va tout droit attaquer le comte Guineman. Il lui écrase son écu blanc sur la poitrine, brise les côtés de son

*Baligant tue Guineman,
Richard le vieux, Lorant
et Gébouin.*

haubert et lui coupe en deux les flancs, de sorte qu'il
5 le renverse mort de son coursier. Ensuite il tue Gébouin, Laurent et le vieux Richard, seigneur de
Normandie. Alors les païens s'écrient : «Vive Précieuse !⁴³ Frappez, barons, nous avons là une puissante
défense !»   AOI

✤ 252 ✤

La bataille continue.

Qu'il fait beau voir les chevaliers arabes, ceux d'Occiant, et d'Argoilles et de Bascle ! Comme ils frappent
de beaux coups de lance au milieu de la mêlée ! Mais
les Français n'ont point l'intention de leur céder pied.⁴⁴
5 Il en meurt bien et des uns et des autres. La bataille
dure avec acharnement jusqu'au soir. Le carnage des
barons français est épouvantable. Que de douleurs
encore avant la fin de la lutte !   AOI

✤ 253 ✤

*Baligant prie ses dieux. Il
apprend que son fils et son
frère sont morts.*

Les Français et les Arabes, tous frappent à l'envi,
brisant le bois et l'acier brillant des lances. Ah !
qui aurait vu ces écus en morceaux, qui aurait entendu
le choc de ces blancs hauberts, et le grincement des
5 boucliers sur les heaumes, qui aurait vu ces chevaliers
tomber et mourir en râlant contre terre, celui-là saurait
ce que c'est qu'une grande douleur. Quelle rude
épreuve que cette bataille ! Cependant, l'émir invoque
Apollon et Tervagant, et aussi Mahomet : «Mes
10 seigneurs dieux, je vous ai bien servis ; je vous ferai
des statues en or fin, mais prêtez-moi votre secours

---

⁴³ *Précieuse :* l'épée de Baligant (v. laisse 228).
⁴⁴ *céder pied :* battre en retraite, s'enfuir.

contre Charles.» Voici venir devant lui un de ses
favoris, Gemalfin, qui lui apporte de mauvaises nouvelles. «Sire Baligant,» lui dit-il, «vous êtes aujourd'hui
15 dans une fâcheuse position, car vous avez perdu Malprime, votre fils, et on vient de tuer votre frère Canabeu. Deux Français ont fait ces exploits, et l'un
d'eux, à ce que je pense, est l'empereur, car il est grand
de taille avec la mine d'un marquis et la barbe blanche
20 comme fleur en avril.» A ces mots, l'émir penche la
tête, et bientôt son visage rembrunit.[45] Il éprouve une
si forte douleur qu'il est près d'en mourir. Cependant,
il appelle Jangleu d'outre-mer.   AOI

ᚼ 254 ᚼ

«Approchez-vous, Jangleu,» dit l'émir. «Vous êtes   *Jangleu prédit la défaite de*
brave, plein de sagesse, et j'ai toujours approuvé vos   *Baligant.*
conseils. Que vous semble des Arabes et des Fran-
çais? Aurons-nous ou non la victoire?» «Ah!» répond
5 Jangleu, «vous êtes perdu, Baligant, et tous vos dieux
ne vous pourront vous défendre. Charles est fier, et
ses hommes vaillants, et je n'ai jamais vu race si bien
faite pour la guerre. Mais faites appel aux chevaliers
d'Occiant, aux Turcs et aux Enfrons, aux Arabes
10 et aux Géants, et faites sans retard ce qu'il faut faire.»

ᚼ 255 ᚼ

Alors l'émir étale sur sa cuirasse sa barbe aussi blanche   *Baligant contre-attaque et*
que l'aubépine.[46] Quoi qu'il arrive, il ne veut pas se   *détruit les rangs des Fran-*
cacher. Il porte à sa bouche une trompette éclatante, et   *çais.*
la sonne si clair que tous ses païens l'entendent. De

---

[45] *rembrunir:* devenir plus brun; assombrir, attrister.
[46] *aubépine:* petit arbre épineux et très blanc.

5 tous points les troupes se rallient. Ceux d'Occiant braient[47] et hennissent,[48] ceux d'Argoille glapissent[49] comme des chiens. Ils s'élancent sur les Français avec une témérité folle, et se précipitent au plus épais. Ils les rompent et les séparent, et du coup en jettent à terre
10 sept mille morts.

⚜ 256 ⚜

Le comte Ogier blâme Charles et ses barons pour ne pas avoir protégé leurs hommes.

Le comte Ogier ne sait ce qu'est la couardise. Jamais meilleur guerrier que lui n'endossa[50] armure. Quand il voit rompre les colonnes des Français, il appelle Tierri, le duc d'Argonne, Geoffroi d'Anjou et le
5 comte Josseran, et fait à Charles ce fier discours: «Voyez comme ces païens tuent vos hommes! A Dieu ne plaise que vous gardiez votre couronne sur la tête si vous ne vengez par des coups terribles cet affront!» Personne n'y répond mot, mais ils éperonnent
10 leurs chevaux en leur lâchant la bride, et vont tout droit frapper les païens partout où ils les rencontrent.   AOI

⚜ 257 ⚜

Ogier fait tomber l'étendard sarrasin. Baligant commence à perdre l'espoir.

Charlemagne, le roi, donne de grands coups; ils frappent bien, eux aussi, le duc Naimes, et Ogier, le Danois, et Geoffroi d'Anjou qui porte l'enseigne royale. C'est un vrai brave que le seigneur Ogier, le
5 Danois. Il pique son cheval, lui lâche les rênes, et se jette sur le païen qui porte le dragon, si bien qu'à bas il écrase devant lui Amboire et le dragon et l'en-

---

[47] *braire*: crier comme un âne.
[48] *hennir*: crier comme un cheval.
[49] *glapir*: crier comme un petit chien.
[50] *endosser*: mettre sur son dos.

seigne du roi. Baligant voit tomber son dragon et regarde l'étendard de Mahomet abandonné par terre.
10 Alors l'émir commence à s'apercevoir qu'il a tort et que le bon droit est à Charlemagne. Déjà les païens d'Arabie montrent moins d'ardeur. L'empereur, de nouveau, fait appel aux Français : «Dites, mes barons, pour Dieu, m'aiderez-vous?» «Le demander,» ré-
15 pondent-ils, «c'est injure. Traître est celui qui de tout cœur ne frappe.» AOI

✑ 258 ✑

Le jour s'en va. Les Français et les païens ne cessent de combattre. Ce sont deux chefs vaillants qui diri-gent ces armées et ils n'ont pas mis en oubli leurs devises : «Précieuse!» crie l'émir; «Monjoie!» réplique
5 Charles. L'un et l'autre se connaissent à leurs voix hautes et claires. Au milieu du champ de bataille ces deux héros se rencontrent. Ils se jettent l'un sur l'autre, échangeant de grands coups de lance sur leurs boucliers ornés de fleurs; ils les brisent au-dessous de
10 la large bosse.[51] Ils ont détaché une partie de leurs hau-berts, sans pourtant atteindre le corps. Les sangles[52] de leurs chevaux se rompent, les selles tournent et voici les deux rois renversés par terre. Mais vite, ils se relèvent et bravement ils tirent leurs épées. Rien ne
15 peut plus arrêter la lutte; elle doit finir par la mort de l'un des deux. AOI

Charles et Baligant se battent l'un contre l'autre, ils tombent de leurs chevaux et se battent avec leurs épées.

✑ 259 ✑

C'est un grand guerrier que Charles de la douce France, mais l'émir ne le craint ni le redoute. Chacun

Ils sont résolus à se battre jusqu'à la fin.

---

[51] *bosse :* élévation arrondie du bouclier.
[52] *sangle :* bande de cuir qui assujettit la selle.

fait voir sa bonne épée à nu, et sur leurs écus ils échangent des coups furieux, tranchant les cuirs et les bois
5 qui, pourtant, sont doubles, faisant sauter les clous et
mettant les bosses en morceaux. Ils se frappent alors
à nu sur leurs hauberts. Des étincelles jaillissent de
leurs heaumes brillants. Ce combat ne pourra finir
tant que l'un ou l'autre ne reconnaîtra pas son tort.
10   AOI

ꙮ 260 ꙮ

Baligant offre de pardon-
ner à Charles s'il capitule.
Charles refuse et offre la
paix si Baligant devient
chrétien.

«Réfléchis bien, Charles,» dit l'émir, «et prends le
parti de me demander pardon. Je sais que tu as tué
mon fils, et bien injustement tu me disputes mes
terres. Sois mon vassal, et je te les donne en fief. Suis-
5 moi jusqu'en Orient pour me servir.» «Ce serait une
lâcheté,» répond Charles. ·«Je ne dois ni paix ni
amour à un païen. Reçois la loi que Dieu nous a
donnée, la loi chrétienne, et je t'aimerai toujours;
puis crois en Dieu et sers le Roi omnipotent.» «Ah!»
10 dit Baligant, «tu me fais là de vains sermons.» Et ils
recommencent à frapper de l'épée.

ꙮ 261 ꙮ

Frappé sur la tête, Charles
est abasourdi mais il
est encouragé par saint
Gabriel.

L'émir est d'une force redoutable et il assène[53] un tel
coup sur le heaume bruni de Charlemagne qu'il
le fend et le lui casse sur la tête. Puis il lui pousse son
épée à travers les cheveux et lui arrache un grand
5 lambeau de chair. L'os à cet endroit reste découvert.
Charles chancelle et peu s'en faut qu'il ne tombe.
Mais Dieu ne veut qu'il soit mort ni vaincu. Saint

---

[53] *asséner:* porter un coup avec violence.

Gabriel est descendu auprès de lui et lui demande: «Que fais-tu, grand roi?»

⚜ 262 ⚜

Quand Charles entend la sainte voix de l'ange, il n'a plus peur et il ne craint plus mourir. Il reprend sa force et ses esprits, et avec son épée de France il frappe l'émir, lui brise son heaume resplendissant de
5 joyaux, lui fend le crâne d'où jaillit la cervelle et met en deux, jusqu'à la barbe blanche, tout le visage. Bref, il l'abat mort sans nul retour. Alors pour rallier les siens: «Monjoie!» s'écrie-t-il. Sur ce cri le duc Naimes accourt, il prend la bride de Tencendor, et
10 le grand roi remonte à cheval. Les païens s'enfuient; Dieu ne veut pas qu'ils résistent. Les Français sont parvenus au terme tant désiré.

Encouragé par saint Gabriel, Charles frappe et tue Baligant.

⚜ 263 ⚜

Les païens s'enfuient, car Dieu le veut. Les Francs, et l'empereur avec eux, les poursuivent. Le roi dit: «Seigneurs, vengez vos deuils, passez votre colère et que vos cœurs s'éclairent, car je vous ai vus pleurer
5 ce matin.» Et les Français lui répondent: «Sire, voilà ce qu'il nous faut.» Alors tous se mettent à frapper les plus grands coups qu'ils peuvent. Il n'y a guère de païens qui échappent à la mort.

Les Francs poursuivent les Sarrasins.

⚜ 264 ⚜

La chaleur est forte, la poussière s'élève. Les païens s'enfuient, serrés de près par nos Français qui les poursuivent jusqu'à Saragosse. Là, au haut de sa tour,

En apprenant la défaite des Sarrasins, le roi Marsile meurt de chagrin.

Bramimonde est montée avec ses clercs et ses chanoines,
5   ces gens de la fausse loi haïe de Dieu, prêtres qui
n'ont ni ordres[54] ni tonsures. Aussitôt que la reine
aperçoit la déroute des Arabes, elle s'écrie: «Au
secours, Mahomet! Hélas! mon noble roi, nos hom⁄
mes sont déjà vaincus et l'émir tué à grande honte.»
10 Marsile l'entend, se tourne vers le mur et verse des
larmes. Ses traits se décolorent et il meurt de douleur,
chargé de son péché. Il donne son âme aux démons.

⚜ 265 ⚜

Charles occupe Saragosse.
Bramimonde se rend avec
ses défenses.

Tous les païens sont morts ou en fuite, et Charles a
remporté la victoire. Il abat la porte de Saragosse;
il sait bien maintenant qu'on ne défendra plus la ville.
Il y fait entrer son monde, et les vainqueurs y couchent
5   cette nuit. Bramimonde lui a remis les tours de la ville,
dix grandes et cinquantes petites. Tout réussit à qui a
Dieu pour soi.

⚜ 266 ⚜

Les chrétiens détruisent
toutes les synagogues et
mosquées, et convertissent
les habitants par force.
Bramimonde seule est con⁄
vertie par amour de Dieu.

Le jour s'achève et les ombres de la nuit tombent. La
lune est claire et les étoiles brillent. L'empereur est
maître de Saragosse. Mille Français sont chargés de
parcourir toute la ville et de fouiller les synagogues et
5   les mosquées. Armés de maillets[55] de fer et de cognées,[56]
ils brisent les murs et toutes les idoles. Il n'y restera
plus trace de sorcellerie[57] ou de mensonge, car le roi

---

[54] *ordre*: ici, ordre religieux.
[55] *maillet*: marteau à deux têtes.
[56] *cognée*: hache à long manche.
[57] *sorcellerie*: profession de sorcier, quelqu'un qui fait les maléfices
avec l'aide du diable.

croit en Dieu et veut le servir. Ensuite les évêques
bénissent l'eau et mènent les païens au baptistère.[58]
10 S'il en est un qui refuse à obéir à la volonté de Charles,
il le fait pendre, ou brûler ou tuer. Plus de cent mille
sont baptisés et deviennent de vrais chrétiens. La
reine seule est mise à part. On la mènera captive dans
la douce France, car le roi désire qu'elle soit convertie
15 par amour.

---

[58] *baptistère*: édifice ou chapelle où l'on baptise.

QUESTIONNAIRE

Laisses 177 à 206

1. Les explosions d'émotion doivent-elles être prises littéralement ou dans le sens
figuré ? De nos jours seraient-elles convenables, qu'il s'agisse d'enfants ou d'adul-
tes ?

2. Pourquoi Charlemagne laisse-t-il Gébouin, Oton, Tibaut et Milon à Roncevaux ?

3. D'où le poète a-t-il tiré l'idée de faire arrêter le soleil par Dieu ?

4. Quel est l'ange mentionné dans la laisse 179 ?

5. Quel est le sort des Sarrasins qui ont échappé à Charlemagne ?

6. Quelle est la relique que contient la poignée de l'épée de Charlemagne ?

7. De quels animaux Charlemagne rêve-t-il dans la laisse 185 ?

8. Qui est l'ours dans le deuxième rêve de Charlemagne? (Cf. laisses 186 et 137.)

9. Comment les païens battus traitent-ils leurs idoles ?

10. Combien d'années Baligant a-t-il tardé à secourir Marsile ?

11. L'Ebre est-il vraiment navigable ?

12. Par quel geste d'emphase Baligant termine-t-il son premier discours ?

13. Les Musulmans ont-ils vraiment exigé que les peuples assujettis changent leur
religion comme les Chrétiens l'ont fait ?

14. Quels symboles de l'autorité royale les ambassadeurs portent-ils en route vers
Saragosse ?

15. Pourquoi leur salutation est-elle «malencontreuse»?
16. Bramimonde parle-t-elle en bien ou en mal de Charlemagne?
17. Baligant est-il la première personne à recevoir les clefs de Saragosse? (Cf. laisses 197 et 54.)
18. Cette récapitulation de l'action est-elle destinée à Baligant ou à l'auditoire, et surtout à ceux qui n'ont peut-être pas entendu le commencement de l'histoire?
19. Pourquoi Marsile offre-t-il son gant à Baligant de sa main gauche?
20. Les Francs voyageaient-ils armés ou sans armes? Pourquoi?
21. Comment Charlemagne sait-il où trouver le corps de Roland?
22. Est-ce que Charlemagne, ou n'importe quel Franc, sait distinguer la colère de la douleur?

Laisses 207 à 237

1. De nos jours, la lamentation de Charles nous semblerait-elle exprimer la douleur ou la pitié de soi-même?
2. Que craint Charles après la mort de Roland?
3. Qui est le premier à penser à enterrer les morts?
4. Charlemagne avait-il l'intention de mener une guerre sainte, ou était-il forcé de l'entreprendre?
5. Les païens attaquent-ils sans avertissement, ou envoient-ils préalablement un défi?
6. Quels sont les successeurs de Roland et Olivier? Qu'héritent-ils de Roland?
7. Qui étaient les Alemans?
8. Charles a-t-il besoin d'un prêtre pour bénir son armée?
9. Nommez les différents peuples qui forment l'armée de Charlemagne.
10. Est-il raisonnable ou exagéré d'avoir 100.000 capitaines aux cheveux blancs?
11. Comment s'appelle l'oriflamme de Charlemagne? A qui avait-elle appartenue et quel était son premier nom?
12. Pourquoi les 100.000 Francs portent-ils leurs barbes en dehors de leurs hauberts?
13. Pourquoi Baligant a-t-il donné un nom à son épée? Quel est l'avantage littéraire de cette innovation?
14. Quel est le seul défaut qui empêche Baligant d'être un vrai baron?
15. Qui sonne le cor de Roland, et qui est son compagnon? (Cf. laisses 230 et 217.)
16. Les Sarrasins ont-ils vraiment porté des images au combat? Est-ce que les Chrétiens ont fait de même à cette époque?

Laisses 238 à 266

1. Après que Guineman ait tué le roi des Wilzes, comment les Francs savent-ils que Charles a raison?

2. Quels cadeaux l'émir promet-il à ses hommes s'ils se battent bien?
3. Quel appel Charles fait-il à ses hommes?
4. Qui tue le fils de l'émir?
5. Qui sauve la vie de Naimes?
6. Comment Baligant exprime-t-il sa douleur quand il apprend la mort de son fils?
7. Pourquoi Baligant commence-t-il à penser qu'il a tort?
8. Pourquoi les deux monarques se battent-ils à pied?
9. A quelles conditions Baligant pourrait-il obtenir la paix de Charles?
10. Quelle voix donne des forces nouvelles à Charles?
11. Qu'est-ce qui cause la mort de Marsile?
12. Comment a-t-on persuadé aux païens de devenir chrétiens?

V VENGEANCE SUR GANELON

Charles retourne en France, emmenant Bramimonde cap-tive. Roland, Olivier et Turpin sont enterrés à l'église de Saint-Romain de Blaye. Arrivant à Aix, Charles convoque une cour de justice pour juger Ganelon.

La nuit s'écoule, et voici apparaître la belle lumière du jour. Charles munit alors les tours de Saragosse de mille chevaliers vaillants qui garderont la ville pour l'empereur. Puis avec tous ses hommes, le roi remonte
5 à cheval, emmenant captive Bramimonde, mais sans autre pensée que de lui faire du bien. Les voilà qui retournent en France pleins de joie et de gaieté. Ils passent Narbonne de vive force et ils arrivent à Bor-deaux, la grande et belle ville, où sur l'autel du grand
10 saint Séverin on dépose le cor de Roland rempli de belles pièces d'or. C'est là que les pèlerins peuvent encore le voir. Après, traversant la Gironde en grands bateaux qui se trouvent là, l'empereur conduit jusqu'à Blaye les corps de son neveu, d'Olivier, son noble
15 compagnon, et de l'archevêque qui fut si sage et si vaillant. Il les fait mettre dans des cercueils blancs, et là, dans l'église de Saint-Romain, reposent les trois barons. Les Français les recommandent à Dieu et à tous les noms divins. Alors Charles, de nouveau,
20 chemine par monts et par vaux, et ne veut plus s'ar-rêter qu'à Aix. Là, il descend au perron de son haut palais. A peine y est-il entré qu'il mande par messa-

gers ses juges, Bavarois et Saxons, Lorrains et Frisons,
Bourguignons et Alemans, Poitevins, Normands et
25 Bretons, tous les hommes les plus sages de France.
C'est alors que commence le procès de Ganelon.

⁂ 268 ⁂

A son retour d'Espagne, l'empereur vient à Aix, la
meilleure ville de France, monte au palais et entre dans
la salle. Voici venir Aude, une belle demoiselle, qui
dit au roi : «Où est Roland, le capitaine, qui a juré
5 de me prendre pour sa femme?» A ces mots, Charles
éprouve une douleur profonde; il pleure, il tire sa
barbe blanche. «Ma sœur, ma chère amie, il est mort,
celui dont tu me demandes nouvelles. Mais en échange, je te donnerai, et je ne saurais mieux dire, Louis.
10 Il est mon fils, celui qui aura mes états.» Aude répond :
«Voilà une parole étrange; ne plaise à Dieu ni à ses
anges, ni à ses saintes, qu'aprés Roland je reste en vie.»
Elle pâlit et tombe aux pieds de Charlemagne. La
voilà morte. Dieu ait pitié de son âme. Les barons
15 français la pleurent et la plaignent.

En apprenant la mort de Roland, Aude, sa fiancée, meurt de chagrin.

⁂ 269 ⁂

La belle Aude n'est plus. Le roi croit qu'elle n'est
qu'évanouie. Il en a pitié; il la pleure; il la prend
par les mains et la relève, mais sa tête, hélas! retombe
sur l'épaule. Quand Charles voit qu'elle est morte,
5 il appelle aussitôt quatres comtesses qui la portent dans
un couvent de religieuses et la veillent jusqu'au jour.
Puis, devant un autel, on lui fait une belle sépulture[1]
et le roi donne de terres considérables à l'église.   AOI

Aude est enterrée avec de grands honneurs.

---

[1] *sépulture :* lieu où l'on enterre.

🌿 270 🌿

Ganelon est fouetté et battu avant que son procès ne commence.

L'empereur est revenu à Aix. Le traître Ganelon, chargé de chaînes, est dans la ville devant le palais. Les valets l'attachent à un poteau, les mains liées avec des courroies de peau de cerf. Ils le battent à grands
5 coups de bâtons et de lanières[2] de bœuf. Mais il n'a que ce qu'il a bien mérité. C'est ainsi qu'il attend son procès, accablé de chagrin.

🌿 271 🌿

Le procès de Ganelon commence.

Il est écrit dans l'ancienne geste que Charles fit venir des hommes de plusieurs de ses terres, et qu'ils assemblèrent à Aix-la-Chapelle. C'était un grand jour de fête solennelle, quelques-uns disent le jour de saint
5 Sylvestre. C'est alors que commence le procès de Ganelon qui a fait la trahison. L'empereur le fait traîner devant lui.   AOI

🌿 272 🌿

Charles demande que Ganelon soit puni. Ganelon nie sa culpabilité.

«Seigneurs barons,» dit le roi Charles, «c'est à vous de juger Ganelon. Il est venu dans l'armée avec moi jusqu'en Espagne. Il m'a ravi vingt mille de mes Français, et mon neveu que vous ne verrez plus, et
5 Olivier le brave et le courtois, et les douze pairs qu'il a trahis tous pour de l'argent.» «Que je sois maudit si je le nie,» s'écrie Ganelon. «Roland m'avait fait

---

[2] *lanière:* courroie longue et étroite.

tort par rapport à mon argent et à mes biens, et c'est
pour cela que j'ai cherché sa perte. Mais qu'il y eut
10 trahison, je ne l'admets point.» Les Français répondent: «Nous allons tenir conseil.»

❧ 273 ❧

Devant le roi, Ganelon se tient droit. Son air est   *Ganelon justifie ses actions.*
gaillard et son teint vif. S'il était loyal, on dirait un
baron. Il regarde les Français, tous ses juges et trente
de ses parents qui sont avec lui. Puis il élève la voix et
5 s'écrie d'un ton haut et clair: «Pour l'amour de Dieu,
écoutez-moi bien, barons. Donc, j'étais à l'armée
avec l'empereur, le servant par foi et par amour. Mais
son neveu, Roland, me prit en haine et me condamna
à souffrir et à mourir, car on m'envoya comme mes-
10 sager au roi Marsile. Si je parvins à me sauver, ce fut
grâce à mon adresse. Alors je défiai Roland, le guerrier,
et Olivier et tous leurs compagnons. Charles en fut
témoin, ainsi que tous ses nobles barons. Vengeance,
soit! mais trahison, non pas!» Et tous de dire: «Nous
15 allons examiner l'affaire.»

❧ 274 ❧

Aussitôt que Ganelon voit que son grand procès va   *Le parent de Ganelon, Pina-*
commencer, il rassemble trente de ses parents. Il en   *bel, offer de se battre pour*
est un que les autres écoutent; c'est Pinabel du château   *sa défense.*
de Sorence. Il est habile à parler et à persuader; c'est
5 encore un bon guerrier qui sait faire respecter ses armes.
Ganelon lui dit: «Je me confie à vous, mon ami;
c'est à vous de me tirer aujourd'hui de la mort et du
déshonneur.» «Vous serez bientôt sauvé,» lui répond
Pinabel. «Il n'y a pas un Français qui vous juge digne

10 d'être pendu, et s'il en est autrement, que l'empereur
nous fasse lutter ensemble, et l'épée au poing, je lui
donnerai le démenti.»[3] Le comte Ganelon tombe à
ses pieds en le remerciant.

⚜ 275 ⚜

*Effrayés, les juges veulent
abandonner l'accusation.*

Les Bavarois et les Saxons sont allés au conseil ainsi
que les Poitevins, les Normands et les Français, et
bon nombre d'Alemans et de Tiois. Les Auvergnats
sont les mieux disposés et ont l'air de se montrer
5 favorables à Pinabel. Ils se disent les uns aux autres:
«Pourquoi ne pas en rester là? Laissons le procès! et
prions le roi pour cette fois d'acquitter Ganelon, qui
dorénavant[4] le servira avec foi et avec amour. Roland,
en effet, est mort et jamais on ne le reverra plus. Ni
10 or ni argent ne sauraient nous le rendre. Il serait bien
fou qui combattrait.» Il n'est personne qui n'en
convienne et n'accorde tout cela, excepté un seul:
Tierri, le frère du seigneur Geoffroi.   AOI

⚜ 276 ⚜

*La décision des juges met
Charlemagne en colère.*

Les barons retournent vers Charlemagne. «Sire,»
disent-ils au roi, «nous vous prions de tenir quitte[5] le
comte Ganelon pour qu'il vous serve par foi et par
amour. Laissez-le vivre, car il est vraiment gentil-
5 homme. Roland, d'ailleurs, est mort; nous ne le rever-
rons plus, et aucun trésor ne pourra nous le rendre.»
«Vous êtes traîtres envers moi,» s'écrie le roi.   AOI

---

[3] *démenti*: dénégation de ce qu'un autre affirme.

[4] *dorénavant*: désormais.

[5] *tenir quitte*: déclarer innocent.

⚶ 277 ⚶

Quand Charles voit que tous lui font défaut, son visage
et sa mine s'assombrissent. Il se plaint d'être fort malheureux de la douleur qu'il ressent. Mais voici venir
devant lui un chevalier, Tierri, frère de Geoffroi,
5 duc d'Anjou. C'est un homme maigre, mince, et
svelte de corps, les cheveux noirs, le visage presque
brun. Il n'est pas grand, mais non plus trop petit.
Il s'adresse à l'empereur d'un ton tout plein de noblesse :
«Ne vous tourmentez ainsi, beau sire roi ; vous savez
10 que je vous ai déjà bien servi. A cause de mes ancêtres
j'ai l'obligation de soutenir ce procès. Quelque soit
le tort que Roland ait pu faire à Ganelon, votre
intérêt eût dû le protéger contre toute vengeance.
Ganelon est félon puisqu'il l'a trahi, et envers vous,
15 d'ailleurs, parjure et traître. Pour tout cela je prononce
pour sa mort ; qu'il soit pendu et puis que son corps
soit jeté aux chiens comme celui d'un traître qui a fait
trahison. S'il a quelque parent qui veuille me donner
un démenti, je suis prêt à soutenir à l'instant mon
20 jugement avec cette épée que j'ai là à mon côté.» Et
les Français répondent : «C'est bien parlé.»

Tierri s'engage à affronter Pinabel dans un «jugement de Dieu» comme champion de Charles.

⚶ 278 ⚶

Alors Pinabel se présente devant le roi. Il est grand,
fort, agile et vaillant ; celui qu'il frappe d'un seul coup
est mort. «Sire,» dit-il au roi, «cette cause est la vôtre.
Ordonnez, donc, qu'on ne fasse point tout ce bruit.
5 Voici Tierri qui vient de prononcer ce jugement.
Moi, je le démens, et je prétends me battre avec lui.»
Et il donne au roi le gant de peau de cerf de sa main
droite. «Bien,» dit l'empereur, «mais je demande de

Trente parents de Pinabel s'offrent en otages.

10 bonnes cautions.»[6] Alors les trente parents à Ganelon s'offrent pour caution légale. Le roi dit : «Je vous considère responsables.» Et il les fait garder jusqu'à l'arrêt du jugement.

🌿 279 🌿

Les arrangements sont faits pour l'épreuve du jugement de Dieu.

Lorsque Tierri voit que le combat va avoir lieu, il offre à Charles le gant de sa main droite. L'empereur répond pour lui en donnant des otages, puis il fait porter sur la place quatre bancs où vont s'asseoir
5 ceux qui doivent combattre. On reconnaît que tout est bien en règle ; ainsi l'a déclaré Ogier de Danemark. Puis les combattants demandent leurs chevaux et leurs armes.   AOI

🌿 280 🌿

Les champions reçoivent l'absolution et s'arment pour le combat.

Quand ils ont tout arrangé pour la bataille, et qu'ils se sont bien confessés et qu'ils ont reçu l'absolution et la bénédiction—ils sont allés à la messe et à la communion et ont fait de riches offrandes aux monastères—ils
5 reviennent tous deux devant Charles. Ils chaussent leurs éperons, revêtent leurs hauberts blancs, qui sont forts et légers, et attachent sur leurs têtes leurs heaumes brillants. Puis ils ceignent leurs épées à la garde d'or pur, et à leur cou ils suspendent leurs écus blasonnés.
10 A la main droite, ils ont leurs lances tranchantes, et les voilà maintenant montés sur leurs coursiers rapides. En ce moment les larmes brillent aux yeux de cent mille chevaliers, émus de pitié pour Tierri, en songeant à Roland. Dieu seul sait bien quelle sera la fin.

---

[6] *caution :* personne qui sert comme gage ou garantie.

✣ 281 ✣

Au-dessous d'Aix s'étend une vaste prairie. C'est
là que s'engage le combat des deux barons. Ils sont
tous deux courageux et intrépides, et leurs chevaux
sont vifs et ardents.[7] Ils les piquent vivement et leur
5 lâchent les rênes, et de toute leur force, ils vont se
heurter l'un contre l'autre. Voilà leurs deux écus fracas-
sés, brisés. Leurs hauberts se rompent et, leurs sangles
en pièces, les selles tournent et les voilà tombés. Cent
mille hommes, tout en pleurs, regardent ce spectacle.
10   AOI

*A cheval, les champions
s'attaquent avec leurs lances.*

✣ 282 ✣

Les deux chevaliers sont donc par terre, mais vite, ils
se redressent sur leurs pieds. Pinabel est fort, alerte et
léger. L'un cherche l'autre; ils n'ont plus de chevaux,
mais avec leurs épées à la poignée d'or pur, ils frap-
5 pent et refrappent sur leurs hauberts d'acier. Ce
sont là des coups bons à les fendre. Les chevaliers
français sont dans l'angoisse, et Charles s'écrie:
«Montrez-nous, ô Dieu, où est le droit.»

*A terre, les champions con-
tinuent à se battre avec leurs
épées.*

✣ 283 ✣

«Tierri, rends-toi, donc,» dit alors Pinabel, «et je
serai ton homme par amour et par foi, et je te donnerai
de mes biens autant que tu voudras, mais fais que le

*Pinabel invite Tierri à
se rendre; Tierri refuse.*

---

[7] *ardent:* actif, plein d'ardeur.

roi accorde la grâce à Ganelon.» «Je ne veux pas
5 même y songer,» répond Tierri. «Que je sois maudit
si j'y consens. Que Dieu prononce aujourd'hui
entre nous.»   AOI

❦ 284 ❧

Tierri invite Pinabel à
cesser le combat; Pinabel
refuse.

Tierri reprend: «Tu es un vrai brave. Tu es grand et
fort, et tu as le corps bien pris; tes pairs connaissent ta
vaillance. Renonce à ce combat, je te mettrai d'ac⁄
cord avec le roi. Quant à Ganelon, on en fera telle
5 justice qu'il ne se passera plus désormais un jour sans
qu'on en parle.» «Ne plaise au seigneur Dieu!»
répond Pinabel. «Je veux soutenir toute ma parenté
sans reculer devant homme qui vive. Plutôt mourir
que subir un tel reproche.» Ils recommencent à se
10 donner de grands coups d'épée sur leurs hauberts
incrustés d'or. Les étincelles, que les coups font jail⁄
lir, volent vers le ciel. On ne pourrait pas les séparer,
et seul la mort mettra fin à ce combat.   AOI

❦ 285 ❧

Pinabel blesse Tierri au
visage.

C'est un rare guerrier que Pinabel de Sorence. Il
frappe Tierri sur son heaume provençal de telle sorte
que le feu en jaillit et fait prendre feu à l'herbe sèche.
Alors il tourne sur lui la pointe de son épée, lui fend
5 le heaume sur le front et fait descendre la lame jusqu'au
milieu du visage. La joue droite de Tierri est toute
sanglante de ce coup, et son haubert en est déchiré
jusqu'au ventre. Dieu seul l'a protégé d'en être écrasé
mort.

⚞ 286 ⚟

Tierri sent bien qu'il est blessé au visage et voit son
sang vermeil couler sur l'herbe du pré. Alors il frappe
Pinabel sur son heaume d'acier bruni qu'il brise et
fend du haut jusqu'au nasal. Le coup fait éclater le
5 crâne, et la cervelle en sort ; Tierri brandit son épée et
l'abat raide mort. Ce coup décide de la victoire.
Les Français s'écrient : «Dieu a fait un miracle. Il
est juste que Ganelon soit pendu, ainsi que ses parents
qui ont paru comme garants pour lui.»   AOI

Tierri fend la tête de Pina-
bel. Ganelon est pro-
noncé coupable.

⚞ 287 ⚟

Quand Tierri sort du combat vainqueur, l'empereur
Charles vient à lui, accompagné de quatre de ses
barons : le duc Naimes, Ogier de Danemark, Geoffroi d'Anjou et Guillaume de Blaye. Le roi prend
5 Tierri dans ses bras, lui essuie le visage avec ses grandes
fourrures de martre qu'il enlève ensuite et en revêt
d'autres. Tout doucement on désarme le chevalier,
puis on le fait monter sur une mule arabe. C'est ainsi
que le baron tout joyeux s'en revient. On rentre à
10 Aix et l'on descend sur la place. C'est alors que le
supplice de Ganelon et de ses parents commence.

Tierri est soigné.

⚞ 288 ⚟

Charles fait venir ses comtes et ses ducs : «Que me
conseillez-vous au sujet des otages que j'ai gardés ?
Ils sont venus au procès pour Ganelon et ils se sont

Les trente parents de Pina-
bel sont pendus.

livrés en otages pour Pinabel.» «Qu'ils meurent tous,»
5 répondent les Français. Alors le roi appelle Basbrun,
l'exécuteur de sa haute justice. «Va,» lui dit·il, «pends·
les tous à cet arbre maudit ; et par cette barbe aux poils
blancs, s'il en échappe un seul, tu es mort, tu es perdu.»
«Soyez tranquille,» répond Basbrun ; «pourquoi
10 ferais·je autre que mon devoir ?» Puis, avec cent ser·
gents, il les entraîne. Trente ils étaient qui furent tous
pendus. Ainsi homme qui trahit amène sa propre
perte et celle d'autrui.   AOI

🌿 289 🌿

Ganelon est déchiré par
quatre coursiers.

Là·dessus Bavarois, Alemans, Bretons, Poitevins et
Normands de retour, tous sont d'accord, et surtout
les Français, que Ganelon meure d'un supplice extra·
ordinaire. On fait donc amener devant lui quatre
5 coursiers auxquels on lie Ganelon pieds et mains. Les
chevaux sont ardents et rapides. Quatre valets les dirig·
ent vers une jument au milieu d'un champ. Ganelon
subit un supplice atroce. Tous ses nerfs sont affreuse·
ment tendus et tous ses membres s'arrachent de son
10 corps. Son sang vermeil s'épand sur l'herbe verte.
Ganelon meurt en traître avéré.[8] Homme qui trahit les
autres ne doit jamais pouvoir s'en vanter.

🌿 290 🌿

Bramimonde est baptisée et
nommée Julienne.

Quand l'empereur a ainsi fait vengeance, il s'adresse
aux évêques de France, de Bavière et d'Allemagne :
«A ma cour il y a une noble captive, qui a entendu
tant de sermons et de paraboles, qu'elle veut croire en

---

[8] *avéré:* vérifié, prouvé.

5 Dieu et demande à être chrétienne. Baptisez-la afin
que Dieu ait son âme.» Les évêques lui répondent:
«Qu'elle ait des marraines⁹ choisies parmi les dames
nobles et de haut lignage.» Les bains d'Aix attirent
beaucoup de monde; c'est là qu'on baptise la reine
10 d'Espagne en lui donnant le nom de Julienne. C'est
par conviction qu'elle est devenue chrétienne.

᎒ 291 ᎒

Quand l'empereur eut fait justice et que sa grande
colère fut apaisée, il fit entrer dans le cœur de Bramimonde la foi chrétienne. Le jour fini, voici venir la
nuit sombre. Le roi se couche dans sa chambre voûtée.
5 Mais saint Gabriel vient lui dire de la part de Dieu:
«Charles, rassemble les armées de ton empire, va à
marches forcées dans la terre de Bire porter secours au
roi Vivien à Imphe, dans la ville que les païens assièg-
ent, et où t'appellent les chrétiens à grands cris.»
10 Mais l'empereur aimerait ne pas y aller. «Dieu,»
s'écrie-t-il, «que ma vie est pénible!» Et les larmes aux
yeux, il tire sa barbe blanche. Ici s'arrête la geste que
Turoldus raconte.

Charles a un rêve qui lui prédit d'autres tâches importantes qu'il devra accomplir.

---

⁹ *marraine*: femme qui tient un enfant sur les fonts du baptême.

QUESTIONNAIRE

Laisses 267 à 291

1. La ville de Narbonne est-elle vraiment sur la route de Saragosse à Bordeaux?
2. Quelle est la compensation offerte à Aude par Charles?

Ganelon est-il humilié et puni avant ou seulement après le jugement?

Était-il vrai que Ganelon ait défié Roland et ses compagnons?

5. Quel est l'argument offert pour acquitter Ganelon?

6. Qui est le seul baron opposé à l'acquittement?

7. Combien d'otages Ganelon doit-il fournir?

8. Comment les combattants tentent-ils de s'assurer les bonnes grâces de Dieu avant le «jugement de Dieu»?

9. En quoi les actions de Tierri et de Pinabel, dans la laisse 285, ressemblent-elles à celles de Baligant et de Charles dans la laisse 260?

10. Qui décide le résultat du duel?

11. Quel était le sort des alliés de Ganelon?

12. Ganelon fut-il pendu comme l'avait rêvé Charles?

13. Pourquoi Bramimonde est-elle devenue chrétienne?

14. Le dernier rêve de Charles suggère-t-il que le récit est terminé, ou que le poète avait l'intention de le poursuivre?

15. Que signifie le dernier vers?

ᒍNDEX

Les numéros indiquent le chapitre et l'annotation où les mots sont expliqués. Les numéros précédés du mot *Intro* indiquent les annotations de l'Introduction.

ℬIBLIOGRAPHIE SÉLECTIVE

EDITIONS

Bédier, Joseph, éd., *La Chanson de Roland publiée d'après le manuscrit d'Oxford et traduite par J. Bédier*. Paris: Editions Piazza, 1922. Edition classique.

Calin, William, éd., *La Chanson de Roland*. Series in Medieval French Literature. New York: Appleton-Century-Crofts, 1968.

Jenkins, T. Atkinson, éd., *La Chanson de Roland,* Oxford version. Rev. ed. Heath's Modern Language Series. Boston: D. C. Heath and Company, 1924. Edition pédagogique, très amendée, langage et orthographie normalisés; introduction, annotations et glossaire en anglais.

Whitehead, F., éd., *La Chanson de Roland*. Blackwell's French Texts. Oxford: Basil Blackwell & Mott Ltd., 1957. Edition pédagogique; introduction, annotations et glossaire en anglais.

TRADUCTIONS FRANÇAISES MODERNES

EN PROSE: dans l'édition de Bédier

EN VERS: Mortier, Raoul, éd., *La Chanson de Roland*. Paris: Deshayes, 1940. Edition épuisée.

TRADUCTIONS ANGLAISES

EN PROSE: Geddes, J., éd., *La Chanson de Roland*. New York: The Macmillan Company, 1906. Edition épuisée.

EN VERS: Sayers, Dorothy, *The Song of Roland.* Penguin Classics. Baltimore: Penguin Books, Inc., 1957.

ETUDES

Delbouille, M., *Sur la genèse de la Chanson de Roland.* Brussels: Palais des Académies, 1954.

Faral, E., *La Chanson de Roland,* étude et analyse. Collection «Chefs d'œuvre de la littérature expliquée.» Paris: Editions Mellottée, 1933.

Fawtier, R., *La Chanson de Roland,* étude historique. Paris: Editions E. de Boccard, 1933.

Jones, George F., *The Ethos of the Song of Roland.* Baltimore: The Johns Hopkins Press, 1963.

Knudson, C. A., «The Problem of the Chanson de Roland,» *Romance Philology,* IV (1950), 1-15.

Le Gentil, P., *La Chanson de Roland.* Collection «Connaissance des Lettres.» Paris: Librairie Hatier, 1955.

Siciliano, J., *Les Origines des chansons de geste.* Paris: Editions A. & J. Picard, 1951.